芸文庫

江戸料理読本

松下幸子

筑摩書房

はじめに

本書は昭和五十七（一九八二）年に、柴田書店から刊行した『江戸料理読本』を文庫化したものである。三十年を経た今年、ちくま学芸文庫として出版出来たことは、私にとって望外の喜びである。

文庫化に当たっては、三十年間に得た知見を加えて、加筆と訂正を行なった。また、柴田書店版では、掲載した料理は試作して、材料・分量・作り方を記し、再現料理の写真も添えたが、本書では試作部分は除外した。

江戸時代の料理書には、料理の材料や調味料の分量の記載はなく、「常のごとく」「程よく」などと表現されており、独断による試作は誤解を招くおそれがあり、試作部分の除外は私の念願でもあった。

ただ、料理の選択は、家庭で作ることの出来るものを条件としたので、作り方の難しい料理は含まれていない偏向はそのままである。

私が江戸時代の料理書に関心を持ったのは、昭和四十九（一九七四）年に始まった、川上行蔵先生主宰の「料理書原典研究会」に参加したときからである。以来、江戸時代の料理書を読み、料理法を試みたりしていると、手間を惜しまず、食べる人への心くばりも行き届いている当時の料理から学ぶことが多かった。

現在の日本の食生活は、戦中戦後の食料難を体験してきた私には信じられない程潤沢であり、栄養素の不足を補うことが目標だった栄養指導は、栄養素の過剰摂取をおさえることも指導内容とするようになった。

家庭の台所には、便利な電化製品や調理器具が備えられ、調理の手間は軽減しているにもかかわらず、家庭での食事作りを外部に依存することが多くなっている。

最近の新聞紙上に、「総菜ビジネス活況」という大きな見出しの記事があった。「家庭内の調理を指す「内食（うちしょく）」とレストランなどでの「外食（がいしょく）」という、伝統的な食市場の間を埋める意味で、持ち帰ってすぐ食べられる総菜は「中食（なかしょく）」」と呼ばれ、この中の外食が減少して、中食が増加しているという。

小見出しには「手作りで挑む「家庭の味」」とあり、食品スーパーなどで販売する総菜をパート社員が手作りする様子が書かれている。家庭の味まで買うものになったのだろうか。

江戸時代には庶民の台所の設備は簡単な煮炊きが出来る程度のもので、納豆や煮豆などすぐ食べられるものを売り歩く行商人が多く、また江戸後期には、江戸ではそば・天ぷら・すしなどの屋台が繁盛したといい、中食も外食も行なわれていた。しかし日常は内食で、外食は余裕のある時の楽しみだったらしい。

時代は移り、社会は変化し、時間に追われる現代の生活では、中食や外食の増加は当然のことかも知れないが、それによって得られた時間は有効に活用されているのだろうか。心身の機能は使わないと衰退することはよく知られているが、献立を立てて食材を選び、おいしい料理を作る能力も、使わなければ衰退する筈である。本書で紹介した江戸時代の料理を、一つでも試作していただけることを願っている。

《目次》

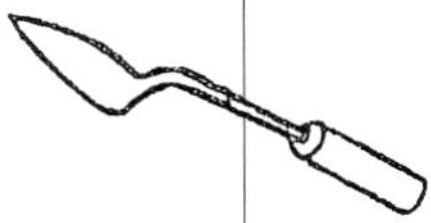

本文レイアウト　神田昇和

凡例

一、本書は一九八二年六月一五日に、柴田書店より刊行されたものを増補・改訂し、文庫化したものである。

一、料理書からの引用は原文のまま写した。原文には句読点がないので、適宜一字あけて読みやすくした。濁点がなくて読みにくい箇所には著者が濁点をつけ、傍点（・）をつけて原文にある濁点と区別した。また、平かなの振りかなは原文にあるもの、片かなの振りかなは著者がつけたものである。

一、原文中判断し難い文字は□であらわした。また、意味のわかりにくい箇所には〔　〕の中に注をつけた。

江戸料理読本

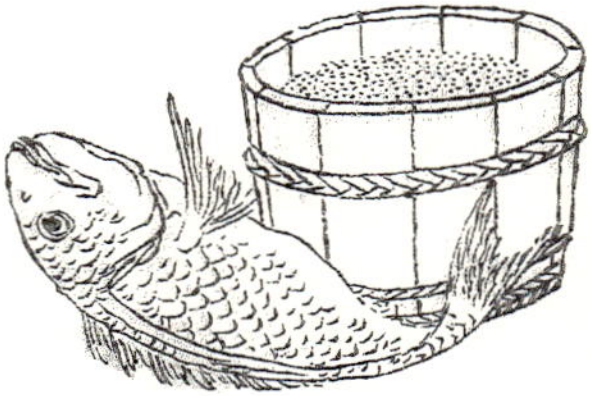

一　江戸料理入門

料理書について

本書は料理書を資料として江戸時代の料理について述べたものであるから、まず当時の料理書について概観してみよう。それぞれの本についての書誌や内容については、川上行藏編『料理文献解題』（柴田書店刊）に詳しい。

(1)種類と内容

江戸時代はそれまでの形式的な料理が、実質的な味覚を尊重する料理に発展した時期で、数多くの料理書が成立した。料理書には印刷して刊行された刊本と、手書きの写本（書き写した本と著者の手稿本を含む）とがあるが、それらを合わせて二三〇種余を『料理文献解題』では江戸時代の料理書としてあげている。これらの中から主なものをあげてみると、江戸初期に刊行され、版を重ねて以後の料理書に大きな影響を与えた『料理物語』、内容が系統的で充実している『江戸料理集』『料理塩梅集』『料理網目調味抄』『傳演味玄集』『黒白精味集』、素人を対象として書かれたものと思われる『料理早指南』『素人庖丁』『年中番菜録』、地方料理を集めた『料理山海郷』、主材料をきめて多種類の料理を作る『豆腐百珍』をはじめとする百珍物などがある。

料理書の内容を分類してみると、調理法、献立、食品、食事作法、秘伝、故事などになるが、調理法や献立について書いているものの数が多い。ただし調理法の記述はごく大まかで、分量の記述などはほとんどない。『素人庖丁』の中から鰈《かれい》葛煮を一例としてあげると「常のごとくよく洗ひ　三枚におろし小角《かく》に切　酒しほ醬油にて煮上げ　其煮汁にて葛だまりを煮て上よりかけ　青のりをふりて出す」のように、常のごとくとか、また、よき程にとかの表現が多く見られる。

⑵著者と出版者

江戸時代の料理書の著者については、川上行藏氏の詳細な研究がある。それによると著者は経歴によって八種類に区分され①式正庖丁家《しきしょうほうちょうか》（四条流諸派のいずれかに属し、大名や貴族に召し抱えられた料理人）、②市井の庖丁家（四条流諸派に所属しない料理人あるいは料理愛好者）、③茶道関係者、④通人・文人（料理評論家や著述業）、⑤医師・養生家、⑥産業経済の専門家、⑦書籍商及び営利執筆家、⑧その他となっている。しかし『料理物語』『料理献立集』『江戸料理集』『合類日用料理抄』その他著者不明のものもある。また著者名があっても筆名のみで、経歴のはっきりしないものも多い。たとえば『料理塩梅集』の著者、塩見坂梅庵は式正庖丁家であることはわかるが、本名は不明である。『傳演味玄集』の著者、諸星吮潮斉、『料理集』の著者、白蘆華についても同様である。また一方著者が明確なものには『茶湯献立指南』の遠藤元閑、『料理集』の橘川房常、『料理通』の八百屋善四郎などがある。

また、著者の居住地をみると、江戸よりも京都、大坂に多く、刊本の場合の出版者も、同様に京都、大坂に偏している。出版物一般についてみても、元禄九（一六九六）年版権所有の書籍商四〇〇名の中、約九割は京都在住者であったといい、安永（一七七二〜八一）頃からようやく江戸での出版が盛んになったというから、料理書も例外ではなかったのであろう。江戸時代も前半期は文化の中心は江戸よりも上方であった。

(3)読者について

江戸時代の料理書でよくわからないことは、その本がどんな人たちに読まれていたかということである。料理書の著者に式正庖丁家に属する人が多いのは、料理の秘伝をその門下に伝えるために書かれたものが多いことを示し、料理の専門家である庖丁人が、料理書の読者として最も多かったことを想像させる。

また、茶道関係者も茶事の料理のために料理書を求めたであろうし、通人・文人などのいわゆる文化人の、趣味の読物としての対象となったことも考えられる。しかし現在の料理書のように、一般家庭の主婦に読まれていたのだろうか。『料理早指南』『素人庖丁』『年中番菜録』などが、素人を対象にして書かれたものとしても、儒教的女性観の支配した江戸時代に、読み書きが出来、料理書を購入する女性はどの位いたのかよくわからない。享保(一七一六~三六)の頃、大坂の本屋は農村まで出かけて本を売り、あるいは貸して歩いたというから、料理書の類も想像以上に普及していたのかも知れないが、実際のところはよくわからない。

ただ、刊本で『料理物語』『料理献立集』『料理伊呂波庖丁』『料理献立抄』『豆腐百珍』『料理早指南』『料理通』など版を重ねたものが、広く読まれた料理書であるということはいえよう。

料理の心得

料理書の中には、序文や跋文《ばつぶん》（本の終わりに書く文章）で料理の心得について述べたものがあり、現在にも通じる要諦《ようてい》なので、六つの項目に分けてまとめてみた。出典は①『料理網目調味抄』②『歌仙の組糸』③『献立筌』④『会席料理帳』⑤『料理早指南』⑥『新撰庖丁梯』⑦『早見献立帳』⑧『年中番菜録』であり、以下書名は番号で記す。

(1)基本的な心構え

①「一、料理は一座の能のごとし　先献立は番組なり　魚鳥穀菜は役者なり　撰《え》らばずば有べからず　按排《あんばい》は能の出来不出来也　尤《モットモ》心を付べし」②「一、料理は其席或はその客の躰心によりて頓智気転第一成べし　何ほど庖丁真《マ》な箸を達者にこなし　切形正敷《たゞしく》しても　客の心をさとらず　その座の諸躰《しょてい》を見とらずしては　かならず料理は不出来するもの也」③「一、料理は第一加減、第一庖丁、第一盛形いづれか劣りて是《ぜ》なるべき様なし」

⑦「一、膳椀鉢皿其外器物ふき拭ひ心を付べし　膳立早く做《なし》おき其まゝ出すときは膳椀に埃《ほこり》つもり　あるひは香物干からびて甚不馳走なり　よつて膳をいだすときは一つ〳〵あらたむべし　又箸に心を付《つけ》　壱本々々よくあらたむべし」

台所での調理風景（『素人庖丁』）

饗応の指図をする「献方」（『早見献立帳』）

「献方《こんかた》は饗応《きやうわう》の惣《さう》奉行《ぶぎやう》にしてしばらくも其《その》席《ざ》を退《しりぞ》く事なく居《ゐ》ながら座敷《ざしき》のもやうをかんがへ料理《れうり》煮方《にかた》の怠《おこた》りを正《たゞ》し給夫《きうし》配膳《はいぜん》に卒忽《そこつ》なからしむ其事《そのこと》に馴《なれ》ざる人の勤《つと》め得《う》べきにあらずかし」

①は料理を能にたとえて、献立と材料を吟味して選び、あんばいに気をつけるように、②は料理技術が巧であっても、客の心を知っての心くばりがなければ料理は不出来であること、③は加減と庖丁と盛形の三つが揃わなくてはいけないこと、⑦は器や箸に埃などないようにすることを教えている。

(2)取り合わせ

①「一、先始終の取合を専にすべし　或は本汁厚味〔濃厚な味〕ならば　向鱠がかろきもの可然し。羹《あつもの》二つあらば一つは厚味　一つは淡味　飣《さい》五つあらば二種は厚味三種は淡味　如レ此毎事心を付べし　魚鳥の肉過たらんも　又塩梅の旨過たらむも　もたれてあしく　料理の出来ばへもなかるべし」②「一、惣じて取合塩梅盛方心得べき事　まづ取合は青黄赤白黒の五つを取はづさぬやうにして　塩梅は五味をふまへ　盛方は縦《たとへ》ば鱠は山水をかたどりたる心なれば　余は是に順して工夫有べし」

①は献立の中で、濃厚な味のものと淡味のものと上手に組み合わせること、②は料理材料の色を五つ取り合わせること、味は甘酸辛苦鹹《かん》の五味を組み合わせること、盛り方は高低をつけることを述べている。

(3)材料

①「一、饗応の法第一時節相応なるべし　初物など云ても　余り時節の至らざる物用捨有るべし　又よく蔵得《たばい》たりとも　各別不レ時節もの尊貴の饗などにはことに用捨すべし」①「一、第一に魚鳥の出所　鮮敷《あたらしき》肉あぶらの調りたるを吟味すべし　野菜等に至るまで名物は各別のもの也　それほどになくとも吟味さへすれば　甲乙は明らか成ものなり　無下□此心なき人は鯛といへば皆鯛と覚し　鴨といへば皆鳧《かも》　田舎松茸も稲荷《いなり》山のまつたけもひとつに覚ゆるなり」②「一、初ものを料理第一の馳走とすれども　時ならぬはつものは何によらず　吟味なくては用ひがたし　勿論木の子類は甚だ大切ならん　たとへ早松茸たりともその時の時季によるべし　大様用捨有べき事也　外郡他境の事は其土地の平生ならわせにて賞翫によるべし、去料理人の達人申されしは　海のものははつ物よく　山陸のものは初ものあしゝ　海鮮の走りは油うすく美味にして軽く風味格別なりと申されし　これらは尤成事にや心得有べし」

①は初物といっても、あまり季節はずれのものは用いない方がよい。材料は吟味してよいものを選ぶこと。②は初ものは吟味して選ぶこと。海のものの初ものはよいが、陸のものではよくない。

(4) 味つけ

①「一、塩梅の一躰《てい》は甘も辛も物によるべし　甘にも辛にも軽《かろき》はよし旨《うまし》と計《ばかり》心うるは下手の事也」②「一、調味は煮汁やき加減惣じて塩梅は料理の第一なり　客十人有　内五人は辛口を好むあり　五人は甘口をすける有　立用《りうやう》して十人の口に叶ふやうに仕立るこそ料理人の手がらとや云はん　此塩梅こそ其術を得て　専《もつぱら》工夫有べき事にや　勿論暖なる物は随分あつく　冷なるものは至て冷すべし」④「一、料理の肝要は厚味の中に　さつと軽き味わひを交る事を本意とす　珍らしくせんとして細工物色付物時ならぬもの　名もなきもの薬種等をつかふ事なかれ」⑥「一、客を饗しぬるには料理趣向第一たりといへど、調烹《にかた》塩梅は又趣向の上にあるべし　故に煮汁《にだし》に心を用うる事専たるべし」⑥「一、醤油酢　味噌この三品最えらぶべき第一也　右三品の善悪により佳肴珍羞《ちんしゆう》〔珍しい食物〕も空味と成　心をもちゐて調ふべし」⑦「一、加減第一也　尤《もつとも》辛口《からくち》あり　あま口ありて　数人の一々の口に合《あふ》やうにとては出来ざるものなり　しかれどもその鰹出し昆布出しにかぎらず　第一に出しのかげんを至極叮嚀《しごくていねい》になし置《おけ》ば　たとへ客の口によりてかげんは少しかなはずとも　塩梅《あんばい》によりてうまく覚へ　数人の口にかなふものなり　たとへ加減はよくともうまからぬは塩梅のたらざる也　されば塩梅は原《もと》にして加減は後と心得べし　大方の人塩梅も加減もひとつ事とおもふは大なる誤なり」⑧「一、味噌汁はよくたきたるよし　す

料理方（『早見献立帳』）
「家《いへ》々の流義ありて等《ひと》しくはいふべからずされどあまり巧《たくみ》なれはしぜんの美味《びみ》をうしなふ事あり心すべし」

まし汁はさらりとたきたるよし　そのうちばんざいはこつてりとしたるうけよし　客用はさらりとしたるそしりすくなし」

味つけは昔も今も料理の第一である。①は味つけは食品によって違いがあり、甘さ辛さも、食品のもち味をいかすようにしなければならない。②は客が十人あれば好みも違っているが、皆の口に合うように作るのが料理の技術である。料理の温度にも気をつけること。④は珍しくしようと思うならば小細工はしないで、濃厚な料理の中に、軽い味の料理をまぜるなどするとよい。⑥は料理は趣向も大切であるが煮方や味つけは更に大切なので、だしのとり方に注意すること、醬油、酢、味噌は料理の味を左右するので、よいものを選ぶこと。⑦好みの違う多くの人に喜ばれる味に作るのは難しいが、旨味がよければ味つけの濃淡を補うことができる。⑧ばんざいとは惣菜のこと、惣菜や味噌汁はこってりと、客用すまし汁はさらりとしたのがよい。

(5)料理の外観（色、形、器など）

①「饗応の一躰座席の餝《かざ》り器物等まで余りに事を求め珍しからん事をこのめば　異風異躰《てい》に成て　亭主の心ざまおしはからるゝぞかし　唯昔より人の仕来れる事をよくするを誠の料理功者とも上手とも云べき也　又切形より始め取合烹《に》方《かた》器物に至るまで奇麗なるを先とす　但しこれにも能程の仕かた有て　余りに美しく花やかなるは料理人の料理　下屋敷料理など云て　茶事などにはこのまざるべし　勿論不奇麗ならむは論に及べからず」②「一、料理に掛りては切刻み或は盛方抔に甚だ隙《ひま》取事数多有といへども　退屈してはならぬもの也　何程面働《めんどう》なる打物にても　終中《しちう》同様に打揃へ　また盛方も麁末《そまつ》になく随分きれいに盛揃へて出すこそ料理人の手際成べし　取紛《とりわけ》洗ひものすゝぎものなど　一篇洗て能も二度三度洗ひすゝぎて仕立べし　兎角《とかく》料理は万事を丁嚀に仕立る事料理人の秘曲成べしされば仕立上たる時至て奇麗にはなやかに見ゆるもの也」⑥「一、器物は其料理のやうすによりて撰ぶべし　揃はぬ中にも還《かへつ》て風韻ありといへど　余り彼是通じ用うれば　齟齬《くひちがふ》して興も薄し　雅器は首尾《はじめをはり》にありて半《なかば》になしと好事《かうず》の士のいへるもよし　器物によりて品味

煮方（『早見献立帳』）
「四季《しき》寒暖《かんだん》にしたがひ夫《それ》々のかげんは煮方《にかた》の巧拙《こうせつ》にありいか程山海《ほどさんかい》の珍味《ちんみ》を尽《つく》すともかげんあしきはふちそうといふべし」

大いに潤色《いろとる》するに似たり」⑦「一、料理は塩梅はもちろん取合盛方心得第一也　先取合は青黄赤白黒を専《もつはら》とす　又盛方は円《まろく》　方《かく》　長《なが》　短《みじかき》を考え山水をかたどる心得あるべし　何程厚味佳品なりとも　取合盛方のあしきは不馳走のうちと心得べし」

①は饗応の時の室内装飾や食器は、奇をてらうとよくない。切形や器も余りにはなやかで美しいのは、茶事などには向かない。②は切形、盛方、洗いものなど万事丁寧にすると、出来上りの料理が奇麗に見えるものである。⑥は器は料理によって選び、揃っていなくても趣があるが、余り雑多ではよろしくない。⑦は料理は味はもちろんであるが、色の取合せや盛方も大切である。

(6)料理のくふう

①「一、饗応にいかほど美饌《せん》を尽し　取合に心を費《ついやす》とも　羹《あつもの》の飪《にへはな》〔煮え加減〕をうしなひ　焼きもの丶冷《つめた》きは無下の下手也」④「一、座中に老人あらば歯のあしき人も有べし　椀中奇麗に喰つくすやうに心得あるべし　仕かたあしければ喰切はさみきり　椀中みぐるしかるべし」④「一、料理といふは名なり　実は喰物なり　夫をいれる器物と野菜魚鳥の切形しかた煮かたのあんばいにて　煮物　吸物　取肴　重の物　口取　引物肴と分る　小皿　中皿　大皿　猪口もりかたにて名はかわれども皆喰物なりといふ事を悟給ひ　角なる物を丸くし　丸きを角につくり　又太きを細くなし　あるひは平なるを長くみせ　長きを短して目をよろこばしむ　是を珍らしきとはいふなり」⑦「一、料理煮方に四季の心得あり　先《まづ》春冬はいかにもふつさりと〔豊かに〕見ゆるやうに庖丁の心得あるべく　夏秋はすんがりと〔すらりと細く長く〕見ゆるやうに為べし　さればとて淋しく少なきはあし丶たとへば魚菜とも平目《ひらめ》にすれば　盛かた賑やかなり　竪目なれば清冷《すんがり》と見ゆる　爰《こゝ》を以て考ふべし　強《あなが》ち竪目平目と一概にいふはあらじ　煮方加減熱きかげんの物は至極《しごく》暖かにし冷《ひややか》なるものはひや丶かなるべし　必ず夏日なりとも　煮物のさめたるは甚だ不馳走になるなり　冬の日もこれに准《じゅん》ずべし」

前述の五項目に入れにくいものを料理のくふうとしてまとめた。①はどのようによい料理でも、煮えかげんや温度が適切でなければ価値がない。④は老人への思いやりで、食べる人の身になって料理を作ることは、今も大切なことである。また、いろいろな料理があるけれども、基本的には食べ物であって、器や切形、加熱の方法でいろいろに分類されるに過ぎない。珍しく手のこんだ料理も、食べ物としての基本的条件を忘れてはならない。⑦は四季によって切形をくふうし、熱いものは熱く、冷たいものは冷たくして出すのが、真のご馳走である。

料理の材料

江戸時代に料理の材料として用いられた食品や調味料の種類については『本朝食鑑』『和漢三才図会』『料理無言抄』などに詳しい。たとえば『本朝食鑑』にあげられた食用動植物は原文のまま（加工食品も含む）の数をあげると穀部（穀・豆類）三七、菜部（野菜・茸・海藻類）七九、菓部（果実類）三七、禽部（鳥類）八九、鱗介部（魚・貝・亀類）一二七、獣畜部二四、蛇虫部一〇の多数である。おもな食品については後の各章でふれるが、はじめに当時の食品と調味料について概観してみよう。

(1) 食品

江戸時代は二六〇年余の長い年月にわたるので、食品の種類も初期と後期では相違があり、また地方や階級による差もあるので一概にはいえないが、惣菜料理を扱った『年中番菜録』（一八四九）には次のような食品があげられている。

なお同書には附言として「此書は只《たゞ》ありふれたる献立をあげ・めづらしき料理または価《あたひ》とふとく番さい〔惣菜〕になりがたき品は一さい取らず　ふと思案に出かぬる時のたよりをむねとすれば・つね〳〵手まわりに置　番菜の種本《たねほん》と心得たまふべし」とある。

四季青物の部　若菜《わかな》　水菜　嫁菜《よめな》　蒲公英《たんぽぽ》　かき葉　とう菜　萵苣《ちさ》　摘ぬき大根　白大根　蕗菜《ふき》　分葱《わけぎ》　蕨《わらび》　若牛房　葉胡蘿蔔《にんじん》　かいわりな　間引菜　平豆《ひらまめ》　莢豆《さやまめ》　はじき豆　円豆《ゑんどう》　筍　菠薐草《ほうれんそう》　菊菜　夏葱《なつねぎ》　胡瓜《きうり》・白瓜　冬瓜《かもうり》　茄子《なすび》　南瓜《なんきん》　大角豆《ささげ》　隠元豆　おねば〔間引貝割菜の類〕　薩摩芋　里芋　たうの芋の子　ずいき　頭芋《かしらいも》　松茸　大根　同葉《おなじくは》　蕪　同葉　胡蘿蔔《にんじん》　牛房　慈姑《くわゐ》　葱　芹《せり》　糟入《かすいり》　納豆汁

四季通用の部　干大根　切干大根　干蕪　干菜《ほしな》　若和布《わかめ》　鹿尾藻《ひじき》　和布〔延喜式でわかめ〕　干ずいき　干蕨　豆腐　焼豆腐　油揚　蒟蒻《こんにやく》　きらず・〔おから〕　氷豆腐　豆の類　漬《つけ》豆　氷蒟蒻　天満椎茸　薯蕷《とろろ》汁

生肴《なまざかな》の部　蛤　蜆《しじみ》　身蜆　蜊《あさり》　貝の身　田螺《たにし》　諸子《もろこ》　小鮎　鰯　はかり鰯　つなし〔こ

のしろの若魚〕鰶《このしろ》 鰕雑喉《ゑびざこ》 網雑喉《あみざこ》 煎海老 さいら〔さんま〕かますご〔いかなご〕

はつの身〔まぐろ〕蛸 赤魟《あかゑ》 生ぶし 鰤《ぶり》 烏賊《いか》 生海鼠《なまこ》 昼網《ひるあみ》の類

塩物の部 鯛 鰤 身鯨 皮鯨 鰯 目黒〔まぐろの小さいもの〕鯖《さば》 刺鯖《さしさば》〔塩乾の鯖〕

鰆《さはら》 鱰《しいら》

干物の部 鰈《かます》 鯒《こち》 鯵《あぢ》 鰆《うるめ》 飛魚 むろ さいら 小鮎 ごまめ 棒鱈 鰊鯑《かづのこ》 鯣《するめ》 いりがら 鯡《にしん》 目刺の類

『年中番菜録』の著者は関西の人なので、食品も関西の惣菜用であるが、およその日常食品は知ることができる。

(2) 調味料

みそ みそは室町時代の末頃から調味料として用いられるようになったが、江戸時代に入ると汁として用いることが広く行われるようになった。『料理塩梅集』(一六六八)には、みそ汁の実の取合わせ、赤みそと白みその合わせ方などが詳細に記されている。

『守貞謾稿』には京坂ではみそを自製する者が多く、食毎にすり鉢で摺って汁とするが、江戸では赤みそ、田舎みそを買食し自製する者なしとしている。なめみそには金山寺みそ(茄子、しょうが、しそ等をまぜたもの)、鯛みそ(鯛のすり身をまぜたもの)、鉄火みそ(牛房、しょうが、とうがらし、するめなどを加え胡麻油で煎ったもの）などがあった。

みそを使った料理には、みそ汁のほか、みそ煮、みそ漬などがあり、さらにいろいろの調味みそとして和え物や田楽に用いられた。

橘川房常著『料理集』には、焼みそ、たでみそ、さんしょうみそ、なんばんみそ、からしみそ、ごまみそ、ふきみそ、ときわみそ、なんばん酢みそ、からし酢みそなどがある。

『新撰庖丁梯』は秋田味噌の法として次のように書いている。

「大豆一斗よく煮熟し　液をよくしぼり搗く　麴一斗塩七升五合　右三品をよく交《まじ》へ搗て桶に入　およそ一月ばかりは毎日一度づゝ搗もとのごとく桶にをさめて堅く封し　風の透《すか》ざるやうにすべし　斯《かく》のごとく凡壱年余にして始て用に充《あ》つ」

醬油　醬油はみそよりも登場がおそく、江戸時代初期にはまだ普及していなかった。『料理物語』には正木《まさき》醬油の作り方はあるが、調味にはほとんど用いられず、生垂《なまだれ》や垂《たれ》味噌を用いている。生垂は「味噌一升に水三升入もみたてふくろにてたれ申候」とあり、みそを水でゆるめ、袋に入れてたれてくる液を集めたもの。垂味噌は「みそ一升に水三升五合入せんじ　三升ほどになりたる時　ふくろに入たれ申候也」とあり、みそに水を加えて少し煮つめ袋に入れてたらすもの。みそがいかによいものであっても、生垂や垂味噌は調味料としてそれ程おいしいものではなかったようで、醬油の普及で料理は格段の進歩をした。

『料理物語』の正木醤油の作り方を次に記す。

「大麦壱斗白につきいり引わる　大豆《まめ》壱斗みそのごとくにる　小麦三升も白にして引わる　右の大豆に候て麦のこにあはせ　こを上へふり板のうへにをき　にはとこの葉をふたにしてねさせ候　よくね候はゞ塩八升水貳斗入つくり候　同二番には塩四升水壱斗こうじ四升入　三十日をきてあげ候也」

酢　酢は古くからあり産地にも有名なところが多かった。『新撰庖丁梯』には「醋を製《せい》醸《はう》する家諸州に多く名品もまた多し　摂津　兵庫　北風《きたかぜ》酢といふものその名尤《もつとも》四方に轟く　其余《よ》紀州粉川　城州〔山城国〕浅井　さて中原〔相模国〕、善徳寺〔駿河国〕など枚挙すべからず」とある。北風酢は北風六右衛門の店で作ったから、また、きびしくよくきくところから南風に対し北風の名がついたともいわれ、料理書にもよく出てくる。

『料理塩梅集』には酢の製法が聞書として四つあるが、その一つ小出甚太郎様酢の立ようは次のようである。「黒米一升　常のめしより少こわめにたき　水三升　手引かん〔長く手を入れられず手を引く熱さの湯〕にわかし　かうじ三合　右三色あわせ桶に作り込　あたゝかに仕おきして　一七日めに一度づゝまぜ　三七日程まぜ申候へばよく御座候」

塩　わが国では古くから塩は海水からとり、江戸時代には各藩が塩田の開発を奨励した。

瀬戸内の播磨、備前、備中、備後、安芸、周防、長門、阿波、讃岐、伊予は有名な良質の塩の産地で、ここから産する塩は「十州塩《じっしゅう》」といわれ、全国の塩の需要の九割を供給した。江戸初期の関東一帯の塩の需要は、下総の行徳《ぎょうとく》塩に依存したが、人口が増加して不足し、十州塩が江戸へ運ばれるようになり、これを下《くだ》り塩とよんだ。当時の塩は苦汁《にがり》を含み、現在の精製された食塩とは風味もかなり異なり、鹹味に対する重量にも違いがある。

揚浜式の製塩は、海岸の砂地を平らにならし、海水を桶で汲みあげて何回か撒き、陽光で乾かして塩分を砂につけ、砂を集めて沼井《ぬい》というわくの中に入れ、そこへ海水を注ぎ入れて砂の塩分をとかし、この濃い塩水を受けて集め、大きな釜で十数時間煮つめて塩の結晶を得る。現在も能登半島珠洲市などではこの方法で塩を作っており、その塩には鹹味だけでない風味がある。

砂糖　砂糖は平安朝の頃から伝来していたが、上流階級のもので民間には知られず、室町時代になってもまだ日用品とはならなかった。江戸時代の慶長年間（一五九六～一六一五）にさとうきびが奄美大島に移植されたのがはじまりで、寛政年間（一七八九～一八〇一）には九州や四国で砂糖が生産されるようになった。

砂糖の種類には黒砂糖、白砂糖、氷砂糖などがあり、白砂糖には精製度により三盆白、上白、太白などの種類があった。

料理書では江戸初期のものから、菓子の材料として砂糖を用いており、『料理早指南』には、砂糖のあくのとり様が次のように書かれている。「さとうによきほど水をにかへしつぼにても桶にても打わけ　其中玉子を打わりて入ればあくは上へふきあがるとゝもに玉子の浮上るなり　その時あくをすくひてとるべし　但し極精進《ごくしやうじん》ならば玉子のかわりに山のいもおろし入て吉《よし》」

なお、菓子以外の料理に砂糖を用いる記述は、料理書には少ない。

酒　江戸時代には酒は料理用にも欠かせないものであった。料理書には酒のほか諸白《もろはく》、古酒《こしゅ》の名がみられる。諸白とは麹も蒸米も共によく精白したもので醸造した上等の酒をいい、古酒とは『本朝食鑑』によると、普通の方法で作った新酒に、蒸した糯米と麹を加えて仕込み、二一日たって滓《かす》を漉しとったものをいう。三、四、五年を経た酒は味が濃く香がよく、六、七年から一〇年を経たものは味が薄く色が深濃となり異香があってなおよく、このような酒は量が少ないので価が高いという。

また、どぶとは濁酒のことで、美琳《みりん》酒（味醂酒）は現在のみりんで、味淋酎《ちゅう》とも呼び、京坂では余り使われず、江戸で醬油と共に煮物に用いられた。このほか料理書にみられる酒と名のつくものをあげると、酒塩《さかしお》は調味を目的に使用する場合の酒のこと、だし酒は水のかわりに酒を使ってとった鰹節のだしのことで酒だしともいう。『料理物語』にはだし酒は「かつほに塩ちと入　新酒にて一あわ二あわせんじ　こしさましてよし」とある。また、煎酒《いり》は「かつほ一升に梅干十五廿入　古酒二升水ちと　たまり少入《すこしいれ》　一升にせんじこしさましてよし　又酒二升水一升入　二升にせんじつかふ人もあり」とある。煎酒は室町時代頃から調味料として用いられているが、料理書によって作り方に多少の違いがあり、後には梅干を入れない煎酒も作られている。

(3)だし

だしを大別すると鰹節のだしと精進のだしがある。『料理物語』のだしは「かつほのよきところをかきて　一升あらば　水一升五合入せんじ　あぢをすひ見候て　あまみ〔うまみ〕よきほどにあけてよし　過てもあしく候」とある。

『料理塩梅集』には、鰹だしの事として、

「能節《ヨキフシ》を上皮をけづり　正味をひら〳〵とけづり袋に入候　だし袋は大振成《オオブリナル》がよく候　鍋の中にてにへあがり〳〵する時　袋の内緩《ユル》々と仕候へば、だしよく出る故に広がよし　袋だしのよきと云は　うまみいまだ無之時は其儘入置　うま過候時はだし袋を其儘取事の自由なる故也　又だしにする鰹　水にて洗候へばくさくなく候　妙若鰹けづり申し候共　さつと水にて洗ふがよし　すまし汁のだしは尤《モツトモ》にだしが能候也」

とあり、鰹節を袋に入れて使う方法の利点を述べている。現在、紙袋入りの鰹節があって、漉す手間が省けるのでかなり使われているが、三〇〇年余り前に既に同様の工夫があったわけである。材料の鰹節の選び方については、

「かつほを製する地おほしといへど土佐を最上とし薩摩これに續《つ》ぎ　紀州のもの是につぐ三州ともおの〳〵善悪ありといへど　精饌《ごちそう》には必土州のものに限るべし　されど土佐上品の乾鰹《かつほ》大にえがたし　薩州に製する上品のもの尤黴気《かびけ》蠹敗《むしばみ》せざるものを用うべし　かの紀州熊野浦にて製する物は　すべて黴気《かびけ》多く柔軟《やわらか》にして　だし少し濁りて見ゆれど味ひはよし　されども二州にはおとれりとす」

と『新撰庖丁梯』にある。

室町後期の焙（燻）乾を終わった荒節段階の鰹節は、江戸時代に入ると表皮を削って形を整えた裸節もつくられるようになった。鰹節製造の中心地は初め紀州熊野浦であったが、後に土佐、薩摩でも製造されるようになった。土佐節は藩の奨励で増産されたが、消費地の大坂へ海路輸送すると、裸節では悪いかびが付いて商品価値が損なわれるので、青かびを付けて悪いかびの付着を防ぐかび付け法が考案された。一回のかび付けをした鰹節は一番枯節《かれぶし》と呼び、三番かびまで付けた上枯節も享保年間（一七一六〜三六）にはつくられた。江戸時代には上枯節までつくられ、明治四十年代になるとかび付けを四〜六回行った堅い

本枯節がつくられるようになった。

精進のだしについては『新撰庖丁梯』が詳しい。昆布だしの法は、「昆布白霜落ずして　皺《しは》文すくなき物をえらみ　しばらく水に浸しよくあらひ土砂を去りて　凡長さ一尺許りに切　煎水〔煮たててさました水〕一升五合を以て煮て　一升にいたり昆布は引あげ煮汁を澄し用う」。

現在の昆布のだしのとり方は、昆布は長く煮るとにおいが強くなり、ぬめりが出るので、水から入れて火にかけ、煮たつ直前に昆布をとり出す方法である。原文では水が三分の二に煮つまるまで加熱しているので、かなり昆布のにおいとぬめりの強いだしと思われる。しかし同書にも後に「洗ひ浄《きよく》したるを一夜水に浸し置その水を用うる事よし」とする説もあると述べている。

椎茸だしは「椎茸産地おほき中に日向《ひうが》を上品とす　雪子《ゆきこ》といふ者いろ淡墨のごとく　下《う》紋《ら》潔白《しろ》にして　根の偏附《ゆがみつく》せるものを撰みてよく洗ひ　其香気つよきもの一升に　煎水三升五合をよく沸《たぎら》し煮て二升をとりもちう」。

干瓢だしは「干瓢産地《でどころ》新久《しんひね》に抱《かか》はらず　蠹敗《むしはみ》上面黒点を生せざるものを択《えら》び　かけ目拾匁よくあらひ浄《きよ》くし　煎水一升をもつて煮て　六合にいたるとき干瓢をとり去汁をすまし用う」。

鰹節を削る図（『北斎漫画』）

精進のだしの材料としてはこのほか、大豆、柿皮、ほしだいこん、甜瓜《まくわうり》の皮なども用いられている。

二

米料理

日本人の主食は米というけれども、米飯が全国的に普及したのはそれ程古いことではなく、米が配給制になった昭和十五年頃からといわれている。明治・大正頃の調査によると、都市部では米がおもな主食であるが、農山漁村では麦や雑穀（アワ・ヒエ・キビなど）、蔬菜類を混ぜたかて飯や粥などが多かった。

さらに以前の江戸時代では、農民は収穫の半分以上の米を年貢米として納め、次には肥料その他の費用にあてるために売って金に換え、残りの一部は冠婚葬祭や盆・正月などのハレの日のために貯え、日常の食事にまわせる分はごく僅かしかなかったという。『都鄙安逸伝』には次のように書かれている。

○農家食物の弁《べん》

「何国《いづこ》にても農家の食物はかはる事なしといへども、都会に近き村里《むらさと》と遠国《おんごく》のむらさと又城下にちかき所と山里は異なり　西国辺の農家にては多く里芋を作りおき　それをざつとあらひこきそばかりを取捨　いまだ黒きなりにて塩を入煮置《たきおい》て　朝とり出し地炉《ゐろり》に火を焼《たき》　其炉《おき》をかき出し焼《やい》て食し　茶をのみ農働《のばたらき》に出るなり　是を食すれば腹ふくれて朝飯少く喰《くひ》　米麦粟等おのづから少くいるとなり　田舎にかぎらず京大坂辺にても此思《おもひ》をなし土薯《つちいも》〔さといも〕をとゝのへて　右のことくして米麦を助《たすく》る工夫をなしたきものなり」

当時は人口の八五パーセントは農民であったというが、それらの人々にとっての米は、現在の食糧に充ち足りて米離れの私たちには、想像もつかない程貴重なものであった。

一方同じ江戸時代でも三都（江戸・京都・大坂）やその他の都市に住む人々の主食は米であった。幕府や藩は農民から取り立てた年貢米を、自家消費する分以外は、商品として都市で金に換えたので、都市は米の消費地となり、都市の住民は米を主食とするようになった。そのため米価の安い時期には脚気《かつけ》が流行し、特に江戸に多く江戸わずらいともいわれた。しかし凶作で米不足になると米価は高騰して下層民は困窮し、米屋の打ちこわしなども起こり、都市では米価が庶民の生活に大きく影響した。

『守貞謾稿』には当時の人々の米の食べ方について概略次のように書かれている。

三都（京都・大坂・江戸）とも粳米を釜で炊くのが普通であるが、田舎では多くは麦を混ぜ、混ぜる割合は半々、または麦七米三といろいろである。三都でも麦飯を用いることがあるが、その多くはとろろ汁をかけて食べるためや養生のためで、田舎のように倹約のためではない。

日常食は江戸では朝に飯を炊いて味噌汁と共に食べ、昼は冷飯で野菜か魚肉などの一菜を添え、夕飯は茶漬けに香の物を添える。

京坂（京都・大坂）では昼に飯を炊き、煮物或いは魚類または味噌汁など二、三種を添え、朝飯と夕飯には冷飯に茶、香の物を添える。

しかし大店などでは三食とも飯を炊き、また一日二回炊く家もある。京坂では朝夕冷飯なので、冬には茶かゆや白かゆを作り、かゆを好む傾向があるが、江戸ではかゆよりは雑炊《ぞうすい》を好むようである。白かゆは米に水を多く加えて煮たもので、茶かゆは冷飯に煎茶と少量の塩を加えて作る。雑炊は米にいろいろの野菜を加え味噌汁で煮るのが普通であるが、塩味、醬油味にすることもある。ぞうすいは京坂の呼び名で江戸ではおじやという。

握り飯はむすびともいい、掌に塩水をつけて飯を握ったものである。形に定めはないが、京坂では俵形に作り表に黒胡麻を少しまく。江戸では円形または三角形など径一寸五分、厚さ五、六分にすることが多い。

すしには押しずし、海苔巻、握りずし、毛ぬきずし、稲荷ずし、ごもくずしなどの種類

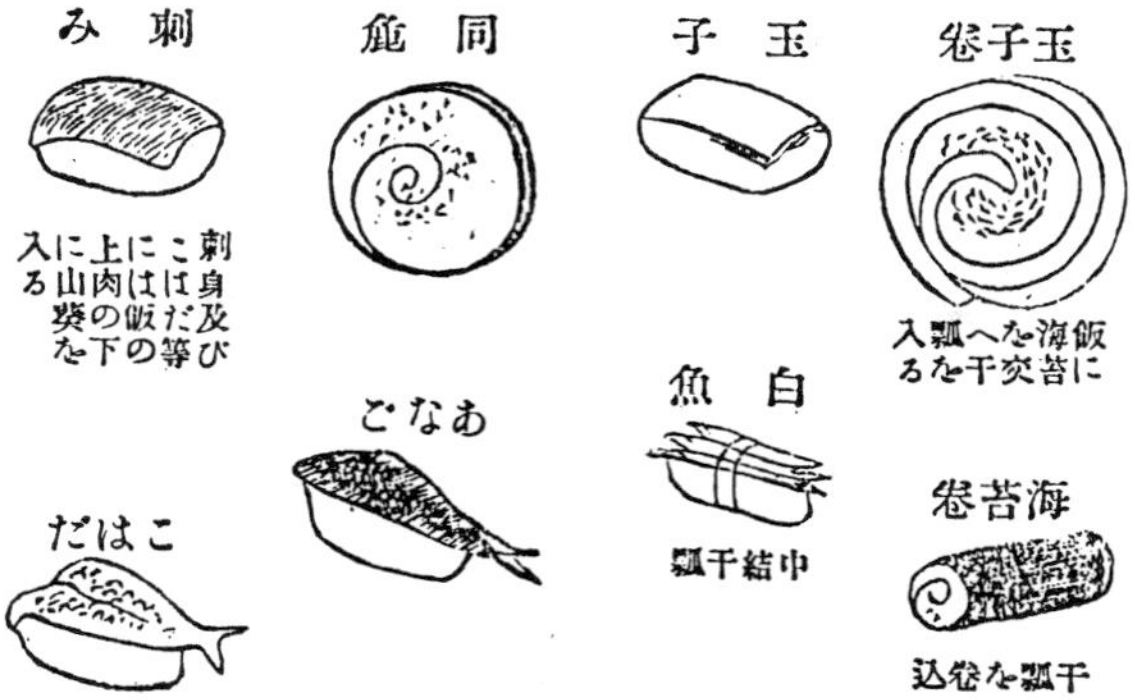

にぎりずし「大略価八文、玉子巻は十六文也」(『守貞謾稿』)

がある。すし売は店や屋台見世のほか担いで売るものもあった。鳥貝の押しずし一箱四八文、こけらずし六四文、握りずしは大体一つ八文であったが玉子巻は十六文であった。

『守貞謾稿』は大坂と江戸に暮らした喜多川守貞の見聞であり、時代も江戸時代後期に限られているが、庶民の米の食べ方のおよそは知ることができよう。

それでは米はどのようなものを用いていたのであろうか。『名飯部類』には巻頭の例言《そえごと》の中に、米の品質について次のように記している。

「諸名飯を炊くに米を撰《えら》ぶ事最つとむべし夫魚鳥油膩《あぶらこき》の品を加《か》するものは　性かろく味ひ軽美なる米を以てよく搗精白《つきぬき》にして用ゆ菜菽淡薄《なまめあぢなき》の品には性厚く甘美《うまき》によろし　とも

米屋の店先
大坂の米屋の看板と白米の大切盤
(『守貞謾稿』)

に淅磨《あらひ》をつとむべし　たとへば魚鳥名飯のものには北国米《ほっこくまい》（加賀　柴田　村上米類　たとひ性味淡薄なるとも秋田津軽米の類用ふへからず）をよく搗精白《つきぬき》たるによし　菜蔬の飯には西国米（肥後　中国　備前などの類）是も同しくよく搗熟白にすべし　鳥魚は肉味《あぢはひ》膏粱《おもく》して米の淡薄《かろき》によく　菜蔬は性味淡薄《あぢはひかろき》がゆへに米の甘美に宜し　若諸米通じ用ゆる時は甘淡《あぢはひ》の偏《かたより》なきにあらず　故に米を撰ぶ事第一義也」

このようにかわり飯をたく場合、加える材料によって米の品質を選ぶというのであるから日常生活で米の品質がかなり重要視されていたのであろう。

『守貞謾稿』には上図のような米屋の店頭の絵があり、大坂では長板に白紙を張り、墨書の看板を軒によせかけて立て、白米を大切盤に盛り、国名及上下と価の札を添えるとある。

また精白についてもよく搗精《つきぬき》白て用いるとあり、米価の安い時には脚気が流行したことからみても都市では白米が用いられていたようである。

名飯部類

家常飯《できあいめし》　焚乾飯《たきほしめし》

此炊法戸《たきやういへ》々朝なゆふな人々よく炊製《たきな》れたる所なれば爰《こゝ》に用なきに似たれども　諸飯の原《も》由《と》迎賓《らいきやく》の魁《おも》饌たり　尤《もつとも》人々の嗜好《すき》平素《へいぜい》の慣腸《くひなれ》にて強柔《こはきやわらか》のたがひ有といへど　中和《ほとよき》を得たらんは誰《たれ》人か不好《あしく》とせん　賓主《きやく》纔《わづか》数人ならんは常にし易し　或ひは数十百人の大饗《おほきやう》に飯を炊には種《いろ》々の炊法ありといへど　事の繁きがゆへに記するにいとまなし　今炊婢老練《めしたきらうかう》のものに　其水率《みづかげん》を聞たるを左にしるす

新穀淅米《しんまいかしこめ》〔洗った米〕一升に水一升（是新穀淅《あら》ひ時を過すの水かげん也　淅米即時《あらひたてそのまゝ》に炊《たく》には更《さらに》水一合を増し入）

旧穀《こまい》淅米一升に水一升一合余（是又旧穀淅ひて時を過すの水率也　淅米即時に炊は更に

庶民の台所と炊飯（『都鄙安逸伝』）

水一合余を増添《ましそふ》べし）
右の水率《みづかげん》を以て一斗一石にても准知《ならひしる》べし　尤水率法のごとくとも　焼火《たきび》の緩急多少になりて焔気《ひのいきり》の透徹《とふり》に遅速《をそきはやき》ありて生熟《しんのできる》相半ものあり　能《よく》心を水率と釜下焼薪《たきやう》とに用ふべし〳〵飯炊くに初チョロ〳〵中グン〳〵沸《ふき》ての後は少しゆるめよとか俚歌《さとびうた》といへど　能炊米に意を得たり　故に鄙《いやしき》を捨ずして爰に贅《かいつけ》す

【解説】基本的な米飯のたき方についてみると、当時は焚乾《たきぼし》と湯取《ゆとり》の二法があった。焚乾は焚干《たきぼし》または焼干《たきぼし》とも書き、米に定量の水を加えてたく、現在行われている普通の方法である。

湯取とは米に多い目の水を加え、大方煮えた時ざるにあけて湯をとり、また釜に戻して弱火で蒸してたき上げる方法である。『料理塩梅集』には湯取飯は正味を捨て糟《かす》を用いるものであり、健康な人は焼干飯を用いるべきであるとしている。『本朝食鑑』には、近頃湯取飯を再びよく煮た二度《ふたたび》飯というのがあるが、滓《かす》を食べるようなもので、湯取や焼乾の方がはるかによいとあり、主食である米飯についてはいろいろな栄養的考察が行われていたことがわかる。

炊飯の方法については行き届いた記述で特に解説の必要もないが、新米は水分が多いので水加減は少なめにし、古米で洗ってから時間がたって吸水している米の場合は一割増の水を加え、洗いたてで吸水不足の米には二割増の水を加えるなど、経験的に得られた結果は、現在の調理実験の結果とよく一致している。火加減については、かまどで薪を用いる場合の心得であるが、この俚歌は台所の燃料がガスにかわるまで、よく知られていたものである。

菜飯　青菜飯《あをなめし》　名飯部類

皇国《みくに》には菜菔《だいこん》　菁蕪《かぶら》　胡蘿蔔《にんじん》茎葉其他など通しいふもの多し　皆用ひて飯に和し青菜めしと呼ぶ　諸菜とも葉計《ばか》りを摘採《とり》　能《よく》洗ひ浄し刻細《きざみこまか》にして　笊籬《いかき》〔ざる〕或は馬尾篩《すいのう》〔馬

の尾の毛で底を張ったふるい〕に盛《いれ》　ずいぶん湯を瀼沸《たぎら》し上より注射《そそぎかけ》ても　或は瀼湯《にへゆ》の中に浸し入　即《そのまゝ》引あげ　塩飯を常のごとく炊き　注子《めしつぎ》〔飯びつ〕写《うつ》し入れ飯と攪和《まぜあわ》す　又刻《きざみ》菜《な》を湯《ゆ》烹《に》せずして飯上の水尽《ひ》きたる時　飯上に置熟《うま》して後　注子に収《と》る時攪和《まぜあわ》するも香味《にほひ》よろし　しかれども菜色黄暗《うすき》にして賓《きやく》〔客〕に給《まいら》するに興なきに似たり

【解説】 菜飯は古くからあるが、享保（一七一六〜三六）の頃に書かれた『おあん物語』の菜飯は近世初頭の庶民の食生活を知る手がかりとされている。この書は石田三成の家臣の娘のおあんが老後に話した体験談の記録であるが、日常は朝夕ぞうすいを食べているので、兄が山へ鉄砲打ちに行く時は、昼飯に持って行く菜飯をわけてもらえるのが楽しみで、たびたび鉄砲打ちに行くようにすすめたとある。貧しい食生活の中では菜飯もご馳走であった。

江戸に飯屋が出来たのは天保年間（一八三〇〜四四）といわれるが、享保の頃には浅草寺門前に菜飯屋が出来て江戸の名物になった。

これは目川（現在の滋賀県内）の菜飯田楽が江戸に入ったものといわれ、菜飯に田楽が添えられるようになったのは寛永（一六二四〜四四）の頃からであろうと『嬉遊笑覧』にある。『鸚鵡籠中記』には元禄九（一六九六）年十月某日　夜食に菜飯と煮物とあり、菜飯は江戸時代には広く庶民に親しまれたものらしい。

現在の料理書を見ると、青菜として大根葉のほか小松菜、ほうれん草、春菊、よめ菜などがあげられており、いずれもさっとゆでて刻み、炊き上がった飯に混ぜるものである。『名飯部類』では、刻んでから熱湯を通すようになっているが、今様に栄養素の損失とか、水気をしぼる手間を考慮すれば、ゆでてから刻むほうがよい。なお、別法として書かれている方法は、あくのある菜には適さない。

菜飯としてはほかに『料理網目調味抄』に、菜を刻んで塩もみをして塩味のついていない飯に混ぜるもの、『料理伊呂波庖丁』に、菜を摺ってその汁で炊く菜飯がある。

茶飯　茶めし　名飯部類

先《まず》信楽《しがらき》上品の煎茶《せんしちや》を烹出《にだ》し〔信楽は近江にあり当時の茶の名産地〕滓《かす》を去り　粳米《こめ》の多少に応じ炊水《しかけみず》に用ひ　食塩《しほ》一匙《すくひ》入　炊く事常のごとし

茶飯　寧楽茶飯《ならちやめし》

名飯部類

茶めしに　黄大豆の日乾したるものを洗ひ盤上にひろげ　石臼《うす》の類にて圧鎮《おしまわ》し燋皮《いりかわ》を吹去り加し　炊き熟《じゆく》し　ふたゝび極上の煎茶を烹《に》て飡食《つけしよく》す

【解説】現在茶飯といえば、醬油味の飯のこともいうが、江戸時代の茶飯は茶を用いた飯のことである。茶飯には茶汁で炊くものと、茶の葉をまぜるものとあり、『料理早指南』には焙じ茶をもんで炊き上がった飯にまぜる茶飯、『料理伊呂波庖丁』には挽茶をまぜ、醬油味のだし汁をかける茶飯がある。茶飯に大豆などを加えたものを奈良茶飯、または奈良茶といい、『本朝食鑑』によると、奈良の東大寺、興福寺の僧舎で作られたのが始まりで、いり黒豆、小豆、焼栗などをまぜてもよく、感冒、頭痛、気うつなどにきくとある。

江戸では明暦の大火（一六五七）のあと、浅草に奈良茶飯の店が出来て豆腐汁、煮しめ、煮豆などと共に売り、大繁盛したという。また、茶飯とあんかけ豆腐（泡雪ともいう）を売り歩く茶飯売もいた。『鸚鵡籠中記』には宝永三（一七〇六）年三月のある日、友人三人をよび、夕食になら茶、こくしょう、煮物、鮒の指身《さしみ》、酒肴二種とあり、日常食の中でか

河崎万年屋奈良茶飯（『江戸名所図会』）

茶飯売り　江戸では夜九時過ぎに売り歩く（『守貞謾稿』）

なり用いられていたらしい。

茶飯の作り方は簡単であるが次の点に注意するとよい。茶汁は時間の経過と共に味やかおりが悪くなるので、定量の半分の水に米を浸漬しておき、炊く直前に残りの水をわかして茶汁を作って加える。塩もはじめから加えておくと米の吸水をおくらせるので、炊く直前に加える。なお茶飯の場合は塩は控えめにしたほうがおいしい。また、出来上がった茶飯を茶わんに盛ってから、挽茶を少し振りかけると、色どりとかおりがよくなる。

奈良茶飯の大豆は、よく煎って用いればやわらかくなるので、おしつぶす必要はない。また、食べる時に煎茶汁をかけないほうが現代人の嗜好にはあうようにも思われる。

鯛飯　素人庖丁

是も魚の水洗よくし　三枚におろし腹骨をすきとり　其後川水にて右のあらを　いかき〔ざる〕抔《など》に入て湯煮しとり去《のけ》　跡《あと》の湯へ直《すぐ》に米を仕かけ焚《たく》べし　扨《さて》木を引《ひか》んとする前彼両肉《かのりやうみ》を其儘上に置き焚終《たきおわり》其肉《み》を取出し　楊枝《やうじ》などにて細《こま》かくむしり　新敷《あたらしき》布巾につゝみてもむべし　よくもみて飯に交合《まぜあわ》す　かけ汁はかつを出し醤油かげんすべし　加益
おろし大こん・ねぶか小口・浅草のり・とからし〔とうがらし〕

又一種蓮根の皮を取小口より切（太くば二つに切 小口にすべし）扨米を仕かけるとき一所に交合《まぜあわし》焚《たく》なり　是も木《きを》ひく前に魚《うを》の両肉《りやうみ》を飯の上に置《おき》　焚終《たきおわ》りて取出し　肉《み》をこまかくむしり右の飯《めし》に交合《まぜあわし》出すべし　かけ汁加益《かやく》とも前に同し

【解説】明治以降の料理書をみると、鯛飯といえば醤油で味をつけた飯に、細かくした鯛の肉を炊き込んだり、炊き上がった飯の上にのせる形式が主流になっている。江戸時代の料理書に見られる鯛飯は、飯には味をつけず、白飯の上に火を通した鯛の肉を細かくしてのせ、調味したかけ汁をかけ、薬味を添えるものが多い。現在も島根県松江には、旧藩主松平不昧《ふまい》公好みという、白飯に鯛そぼろと数種の薬味をのせ、かけ汁をかける鯛飯があるが、美味である上に珍しいこともあって珍重されている。

『料理伝』には魚飯《ぎよはん》の名で、鯛のほか鯒《こち》、海老、鱧《はも》、鯖《さば》、蠣《かき》などを用いた飯があり、いずれも材料を湯煮して細かくし、炊き上がった飯にまぜ、濃い目のすましのかけ汁をかけ、おろし大根、こしょう、とうがらし、みょうが、わさび、あさつきなどのかやくを添える。

このほか『素人庖丁』には鯛を材料とした魚飯にかびたん飯というのがある。これは鯛を三枚におろして平作《ひらつく》りの刺身に作り、骨や頭はよく焼いて薬研《やげん》で粉にしてみそ汁にまぜる。炊きたての飯を茶わんに盛り、刺身をのせて熱いみそ汁をかけ、とうがらし、浅草のり、陳皮、ねぎ小口切り、干さんしょうをかやくとして添えるもので、魚飯の中、これほど美味なるものはなしとしている。骨や頭を粉にするのはかなり手間がかかるが、カルシウムも豊富で栄養的にもすぐれている。かびたん飯とならんで黒人飯《くろすめし》というのがあり、鯛のかわりに、このしろを用いるとこの名になる。料理名からすると、共に外国からのものであろうか。

なお現在では飯の上に具をのせてかけ汁をかけるものを、お茶をかけるものと同様にお茶漬けとよぶことがあり、鯛茶漬け、のり茶漬け、とり茶漬けなどがある。

鶏飯《けいはん》　素人庖丁

是はかしわの若《わか》きやはらかなる鳥を　羽根《はね》尾首腸《をかしらわた》とも取去《さ》り　丸にて水にてよく洗《あらひ》　其まゝ湯煮し　その湯にて米をしかけ焚《たく》べし　扨《さて》鳥の肉《み》をば随分こまかにむしり　木を引く前に上に置き　焚終《たきおはり》てよく交《まぜ》合しかつを出しせう油かげんして汁を仕立　かやくは　おろし大こん　ねぶか小口　とがらし

又一種《いっしゅ》常のごとく鳥を料理　さや身もゝの肉ばかり飯《めし》の上《うえ》に木を引く前に置て　肉に火の通りたる時分に取出し　こまかにむしりて飯にまぜ合す　かけ汁加益前をなし

【解説】『名飯部類』にも鶏飯の作り方が二通り記載されている。一つは崎港《ながさき》の高氏《たかうじ》の伝として『素人庖丁』と同様であるが、もう一つは鶏の血をしぼり炊水《たきみず》と合わせて飯をたく方法で、ただし腥気ありて不潔にして食し難しとしている。

しかし記載してあるところから考えると、そのような鶏飯も作られていたのであろうか。現在、鹿児島県奄美大島の郷土料理に鶏飯がある。薩摩藩の役人をもてなすために、島の地鶏を使って作ったものといわれ、作り方は『素人庖丁』とほぼ同じであるが、鶏肉のほか、椎茸、金糸卵、陳皮、ねぎ、さつま漬などを飯の上にのせ、調味した鶏のスープをたっぷりかける。『素人庖丁』では、かけ汁にかつお節のだしを用い、かやくにおろし大根を添えるので、脂の多い鶏飯も、さっぱりした風味でたのしめる。

ごもく飯　素人庖丁

飯は前のごとく〔普通に〕焚て　木を引時に加益《カヤク》「赤貝・かうたけ・くり・ごぼう・鯛・みつば」「薄焼玉子・岩茸・かまぼこ」「白魚・岩たけ・せり」「あわび・椎茸・ぎんなん・焼玉子・かれ〔かれい〕・みつば」「しんぜう・岩たけ・玉子・小しそ・ゆりね・せ

り」「しめじ・みつば・きんこ」「松茸・栗・きくらげ」「いか・焼くり・車ゑび・椎茸・みつば」「蒲鉾・木くらげ・きんこ・鳥・くし貝・せり・しめじ」「たいらぎ・岩茸・せり」「赤貝・ゆり根・まつな」「伊せゑび・くわゐ・しそ・椎茸・玉子・ごぼう・みつば」
右之中見合心まかせに組合《とりあわせ》　木を引前上《ひくまえうえ》に置《おく》　焚をはりて〔終りて〕よく交合《まぜあわ》し　かつを出し醤油かげんして出すべし

【解説】現在ではごもく飯といえば、醤油で味つけした飯にいろいろの具を炊き込んだり、炊き上がってから具をまぜたりしたものをいう。

江戸時代のごもく飯は、白飯にいろいろの具を集めてまぜたもので集飯《あつめめし》ともいい、すまし仕立のかけ汁をかけ、かやくを添える。

『名飯部類』では骨董飯《ごもくめし》と書き、大坂の堂島でごもく飯を売る店では、米穀の取引をする場所柄、利運を「すくふ」ということから、「すくひ飯」と呼ぶという。

また、江戸中期以前の料理書には、芳飯《ほうはん》の名でごもく飯と同様のものが記載されている。

江戸時代の変わり飯は、器に盛ってから、かけ汁をかける汁かけ飯が多く、松茸飯、筍飯、蠣《かき》飯などが汁かけ飯である。

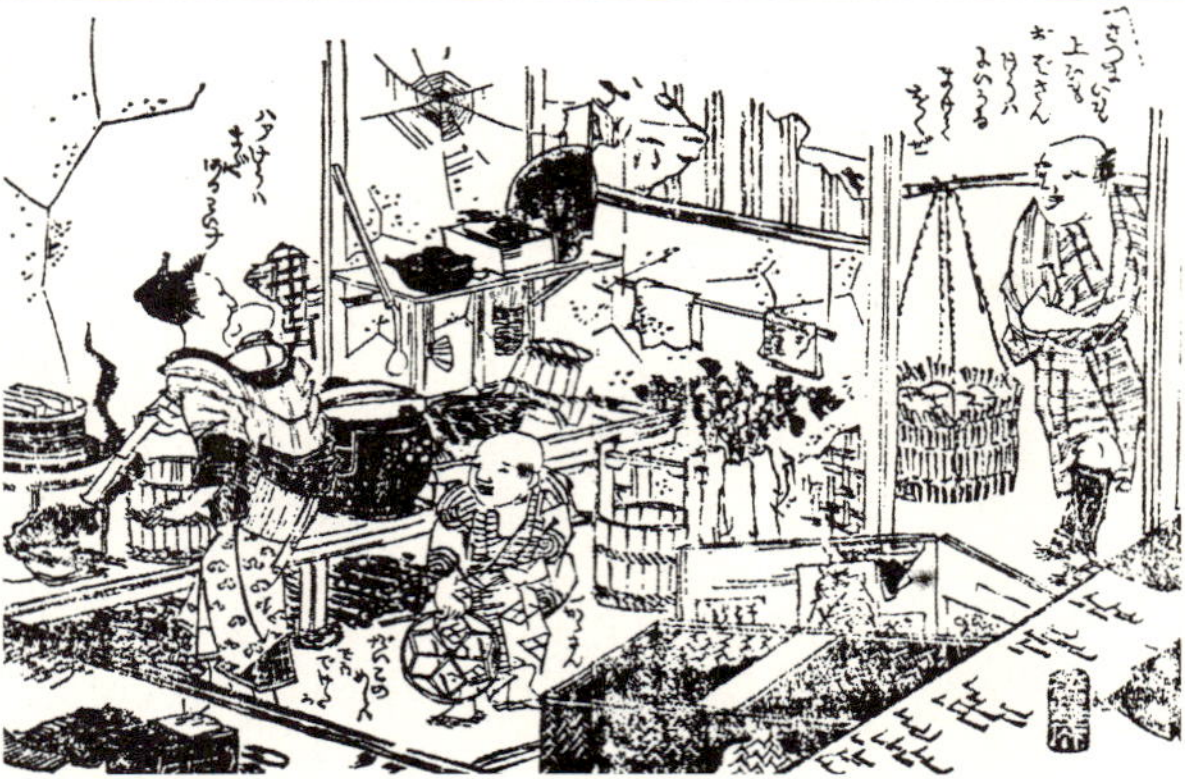

庶民の台所と八百屋のかつぎ売り（『都鄙安逸伝』）

若狭の白粥　都鄙安逸伝

若狭国《わかさのくに》小浜《おばま》にてしらかゆの煮方《たきかた》功者《かうしや》なれば世に若狭流の煮方《たきかた》といへり　扨その焚《たき》やうは米を少しまへめに洗ひ　水に白みある位にて少しかたく粥をたくべき水かげんにして　焚《たき》吹上《ふきあが》らば火をほそめ　随分蓋をとらぬやうにしてたき　米一二粒あげてつまみ見て　未だ米のしんあらんとおもふ頃薪を引　しづかに爐《おき》をもとりて暫く熟《むま》しおき　釜よりすぐに茶椀へ盛　その上へ醤油の葛あんをかけ　かきまぜて食するなり　いたつて美味なり　但し粥の中へ塩を入るべからず　米は上白《じやうはく》の新米ならば猶々味《あじは》ひよし　○但し右は栄耀《えよう》〔ぜいたく〕のさたなり　倹約のためならば　葛あ

んに及ばず　只醤油の出し汁かけて食してもよし　如《かくのごとく》此すれば米も少くいりて徳用也

【解説】 かゆは飯よりも水を多く加え米を煮てやわらかくしたもので、生米から煮るものと飯から煮るものと二法ある。『本朝食鑑』では、かゆは体調を整え五臓（肝・心・脾・肺・腎の五個の内臓）を養うとその効能を記し、米から作るかゆは味が濃くておいしく、飯からのかゆは味が淡い点が特色であるとしている。

米と水の割合については、常識的なことのためか記載が少ないが、『名飯部類』には、米四合に水一升、米五合に水一升などのかゆがみられる。現在は全かゆが米一カップに水五カップ、五分かゆは米二分の一カップに水五カップであるから、米五合に水一升では、かゆとしては水が少ないと思う。しかし一方には冬寒い夜、慈善家が乞食に施すのは米一升に水八升の八升かゆであるとも記され、また天井が映るほど水気の多い天井かゆとよばれるものもあったというから、一概にかゆの濃さを規定するのは難しい。

かゆの食べ方についてみると若狭の白粥は粥の中には塩を入れるべからずとし、茶わんに盛ってから醬油の葛あんをかけて食べるようにとしている。『素人庖丁』には玉子かゆ、小鳥かゆ、ごもくかゆなどのかゆの作り方があるが、いずれもかゆには味をつけず、醬油味のかつおだしをかけ汁としている。当時のかゆはかけ汁をかけるのが普通の食べ方であったらしい。

玉子かゆ　素人庖丁

是は先白粥を余り薄からぬやうに焚　よく熟したる時木を引　其時玉子を人数相応に入れ　釜の中にてよく杓子にて上下へかきまぜ　直に盛りて出すべし　かつを出し醤油少鹹く仕立べし　かやくは
せうが　わさび　浅草のり　ねぎ小口
右の中にて見合遣ふべし　酒後尤よきものなり

【解説】玉子のかゆは、現在もよく作られるが、普通醤油で味つけをする。『素人庖丁』の玉子かゆは、味つけをせずに器に盛ってから、かつおだしに吸物より濃い目に醤油で味をつけたかけ汁と、薬味を添えるもので、味の濃さや薬味など好みによってきめることができる。

小禽《ことり》ざうすい　　名飯部類

小とりの類　何によらず好に随ひ　常のごとく洗浄し　俎のうへにて庖丁を以てよく叩き　掌中《てのうち》に酒を塗　弾丸《むくろじ》ほどに丸め置　味そ汁にて常のごとく雑炊を煮て　米の熟たる時鳥《とり》丸〔鳥団子〕を入一二沸《ふたふきほど》して器《わん》に盛　芹を葉と根を切去り　茎計りを微塵《みぢん》に刻《きざみ》うへにおく

【解説】かゆと雑炊《ぞうすい》の区別はなかなかむずかしい。『名飯部類』には雑炊の部、粥の部と分類してあるが、作り方を見るとはっきりした違いが見当らない。『守貞謾稿』では、雑炊はかゆに葱やその他の野菜を加え、みそで味をつけたもので、稀に塩やしょうゆで味をつけることもあるとしている。

現在の辞書、料理書などによって定義すると、かゆは米に水を多く加え、やわらかに煮たもの、雑炊は飯に野菜などを加え、みそやしょうゆなどで味をつけて作ったかゆである。

原文中のむくろじは無患子《むくろじ》のことで、直径二センチ程の果実で、中の種子は羽根つきの羽根の球に用いられる。

こけらずし　名飯部類

造製《つけやう》は人々よく知る処にして　造次《まにあひ》に構志《おもひつき》すれば・　家常飯《できあひめし》に現成《ありあひ》の加料《ぐ》を用るは論なし若上等《うはむき》の製《こしらへ》には鯛 尤常のごとく洗ひ三枚におろし肉斗り紙を隔て塩をふり置　石決明《あわひ》 常のごとく洗ひ腸を去り完《まる》なから稀《うす》しやうゆ酒を加減し煮てともに薄く作る　松な　○中等より下等《しもへ》は　赤貝　木耳《きくらげ》　栗子《くり》　薄焼鶏卵《うすやきたまご》　筍《たけのこ》　椎茸《しいたけ》　野蜀葵《みつは》　前の上等の具と酌量《みつくろい》して用ひ　米《こめ》は三等ともに金谷米又は粟野米《あわの》などをよく搗ぬき・精白《しらけ》たるを　常のごとく洗・ひ糠屑《ぬか》を澄《すま》し尽《つく》し　米一升に水一升 尤飯のやわらか成を好む人は更水一合を増し入　塩五勺《しやく》 尤掛目執弐匁五分ほと入常のごとく炊き熟《うま》し　広き器《いれもの》に写《うつ》し冷《さま》し　すし桶筥に竹の皮を舗《しき》飯を入　掌《て》にて高下なきやうに直し具を置ふたゝ・び飯具を置　随分厳醋《きふきす》を木葉の類にて点灑《ふりかけ》べし・ 尤人により酢味《すき》を好む人有此例によりかたし少しく飯に酢を和したるもよしといへと酢をもちひ飯に攪和しぬれは炊飯口柔にて悪しよく心を用ひ頻々酢を以て飯を調匀すへからす 又竹の皮にて上を覆《おほ》ひ蓋《ふた》制し圧石《おもし》をかけ　暫して庖丁に酢を塗切　蓼《たで》　山椒　染紫姜《そめはしかみ》

こけらずし　守貞謾稿

筥鮓《ハコスシ》と云は、方四寸許の次図〔六一頁図1〕の如き筥に飯と酢と塩を合せ先半をいれ、醬油煮の椎茸を細かにきり納レ之　又飯を置き、其上に図〔図2〕の如く鶏卵やき　鯛の刺身　蚫《アワビ》の薄片を置て縦横十二に斬る　横四つ竪三つ凡て十二軒とす　中央と四隅は鶏卵焼也　黒きは木耳《キクラゲ》也　白は鯛刺身或蚫片身也　鮓筥の蓋は籆《ワク》の内に入り　底は籆の外面と同くす　蓋底ともに放れす共に籜《タク》〔竹の皮〕を当て飯の著ざるに備ふ　此筥の籆と均く飯を納れ　軒石を以て圧レ之也　押て後斬レ之中半椎茸を入る故に左図〔図3〕の如し

【解説】すしは古くからあり種類も多いが、篠田統氏は六二頁の表のように分類された。江戸時代にもいろいろのすしがあったことは前に記したが、『守貞謾稿』には、三都とも押鮓が主流であったのに、江戸では五、六〇年来筥鮓がすたれて握り鮓になってしまったとある。

こけらずしは押ずし、筥ずしの一種で、鱗《こけら》ずし、柿《こけら》ずしとも書く（魚肉などを薄く切ってすし飯の上にはりつけたすしで、こけら葺の屋根のようにみえるので、この名があるという）。こけらずしについては多くの料理書に書かれているが、『料理物語』には「鮭をおろし、身をひら〳〵とおほきにつくり、めしに塩かげんしてかきあはせ、そのまゝをしかけ中ばかり也」とあり、鮭の身を飯の中に漬けたもので、『茶湯献立指南』のこけらずしもほぼ同じで、酢は用いない馴れすしである。

こけらずしのつくり方（『守貞謾稿』）

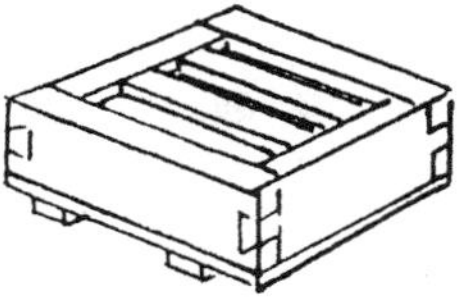

図１　鮓筥

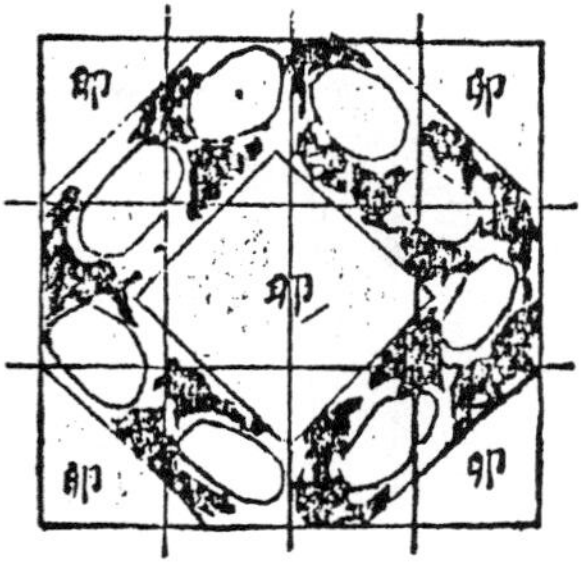

図２　具の置き方

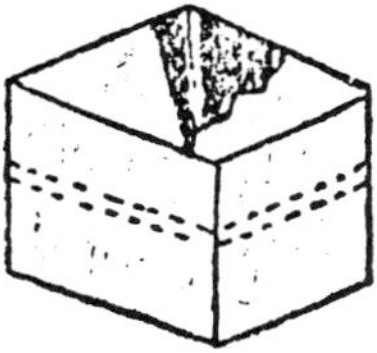

図３　切ったこけらずし

こけらずしの箱と重石（『素人庖丁』）

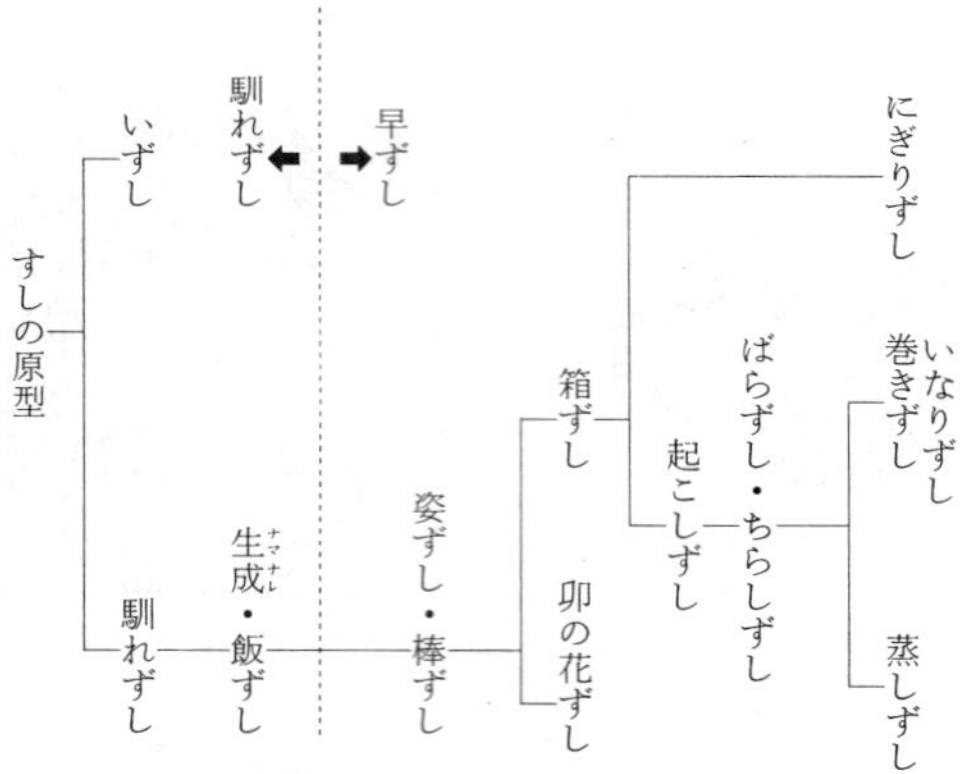

すしの種類（篠田統『すしの話』駸々堂）

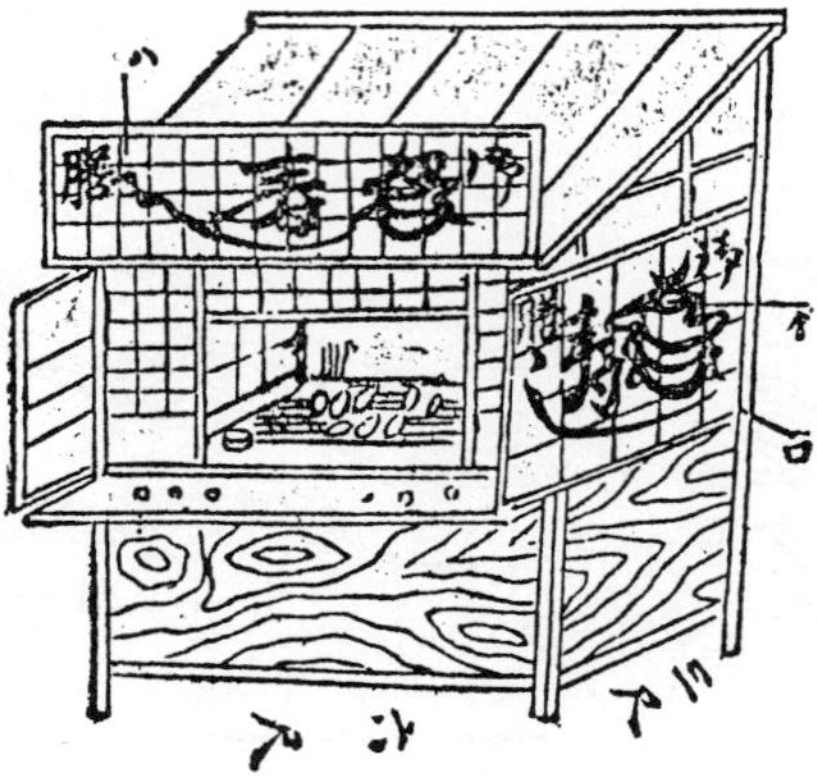

すしの「屋体見世」 京坂では「出し見世」という

『料理綱目調味抄』の鱗鮓《こけらずし》は魚として鯛、鱸《すずき》、鯧《まながつお》、鯖、鰺、鰹、さわら、にべ、いわし、鰤、ます、鮭、しいら、鯉、鰻などをあげ、取合には鮑《あわび》、蚶《あかがい》、えび、たこ、いか、茄子、木くらげ、笋《たけのこ》、椎茸、しそ、たで、みょうが、はじかみがあげてある。また早鮓は飯に酢少しそそぐとあり酢が登場する。『料理秘伝記』は、魚はいろいろあげてあるが、塩かげんした飯と魚を交互に置いて漬け、酢は用いていない。『名飯部類』には酢を用いる作り方が詳しく書かれている。『守貞謾稿』は酢と塩を飯に合せてすし飯を作り、現在とほぼ同じ作り方である。図解もあり、わかりやすいので『名飯部類』と共に原文を示した。

米料理の専門書『名飯部類』には、飯類が八七種、粥・雑炊・鮓は合計六三種の作り方があり、鮓は市中の魚店《さかなや》などでも売っているからと記述も少ない。店や屋台で売られていた、そば・天ぷら・すしは料理書への記載は少なく、文政年間に始まった握りずしは、料理書には見られない。

江戸時代の変わり飯一覧

成立年	材料／出典	葉菜類	草木の芽・葉の類
一六九七	本朝食鑑	菜飯	枸杞《くこ》の葉飯 荷《はす》葉《のは》飯
一七四六	黒白精味集	葉飯	
一七五〇頃	料理伝	菜飯 干菜飯 しそ飯	うこぎ飯
一七七三	料理伊呂波庖丁	菜飯 干菜飯 紫《し》蘇《そ》飯	たびらこ飯 木の芽飯 枸杞飯 五加《うこぎ》葉飯 蓬葉飯
一八〇一	料理早指南	紫蘇飯 ぎばめし	枸杞飯
一八〇二	名飯部類	青《あお》菜《な》飯 羊《よ》腸《め》菜《な》飯 乾《ほし》菜《な》めし 紫蘇飯 鹹《ま》蓬《つな》飯	木の葉飯 枸杞葉飯 五加葉飯 榎《え》葉飯《めし》 藤《ふじ》葉《のは》飯《めし》 荷葉飯
一八〇五	素人庖丁 二編		
一八二三	料理調法集	菜飯 紫蘇飯 ぎば飯 はんごう飯	たびらこ飯 木のめ飯 枸杞飯 うこぎ飯 藤飯
一八三三	都鄙安逸伝	大根葉飯 芋の葉飯	

	根菜類	茎菜類	いも類	茸類	その他の植物
		葱飯	芋飯		
	山吹飯 蓮飯		芋飯	松茸飯	栗飯
	大根飯 かぶら飯 山吹めし（人参）			まつたけ飯	
皀角《さいかち》飯 糠子《ぬかご》飯	大根飯 蕪飯 蓮飯		芋飯		栗飯 椎の実飯 茄子《なすび》飯
	信濃飯	根葱《ねぎ》飯			
零餘子《むかご》飯	莱菔《だいこん》飯	淡竹筍めし 葱めし	青芋飯 甘藷飯 とろゝ飯	松たけ飯	栗飯 柚めし 阿漕《あこぎ》飯
さいかち飯 零餘子飯	蕪飯 蓮飯	葱飯	薯蕷飯	初茸飯	栗飯 胡麻飯 茴香《ういきょう》飯 茄子飯
	大根飯		里芋飯 薩摩芋飯		唐茄子飯

成立年	出典	豆類	海藻類	染類
一六九七	本朝食鑑	赤小豆飯、角豆《ささげ》飯、大豆飯		奈良茶飯
一七四六	黒白精味集			名菜茶飯
一七五〇頃	料理伝		わかめ飯	
一七七三	料理伊呂波庖丁	小豆飯、青ささげ飯、実ささげ飯、緑豆《やえなり》飯、黒豆飯、刀豆《なたまめ》飯		茶飯、奈良茶飯
一八〇一	料理早指南	赤飯	海苔《のり》飯	茶飯
一八〇二	名飯部類	赤小豆《あずき》飯、紅豆《ささぎ》飯、緑豆《ぶんどう》飯、黒豆飯、ほたるめし、蠶豆《そらまめ》飯、豌豆《えんどう》飯、大豆《まめ》飯、青大豆《あおまめ》飯	海帯《かため》飯、紫苔《のり》飯	茶飯、利休めし、寧楽茶めし
一八〇五	素人庖丁二編			
一八二二	料理調法集	小豆飯、緑豆飯、大豆飯、枝豆飯	磯飯、海苔飯	茶飯、白茶飯、塩桜茶飯
一八三三	都鄙安逸伝			

魚類	その他	染類
	豆腐の滓《カス》飯	
	芳飯	
たい飯	豆腐飯 集飯（ごもく飯）	
鯛飯	豆腐飯	山梔子《くちなし》飯 紅花飯
魚飯	豆腐飯 ういきょう飯 ごもく飯	
道《た》味魚《い》飯《めし》	豆腐飯 雪消飯 珠光めし 雪花菜《きらず》飯 蒟蒻《こんにゃく》飯 胡椒飯 ういきょう飯 骨董飯 吹寄せめし	茶粥 あげ茶 甘藷茶粥 炒大豆《まめ》茶粥 山梔子めし 染飯 香飯 道灌飯
鯛飯 かびたん飯	ごもく飯	
魚飯	豆布飯 狸飯 ごもく飯	くちなし飯
	雪花菜飯	茶粥 あげ茶粥 入茶がゆ 薩摩芋茶粥

成立年	材料／出典	魚類	貝類
一六九七	本朝食鑑		
一七四六	黒白精味集	鰹飯 鰯飯	蜊飯
一七五〇頃	料理伝	かつお飯 はむ飯 海老飯	
一七七三	料理伊呂波庖丁	鰹飯 鰯飯 海老飯 ひしこ飯	
一八〇一	料理早指南	鰯飯 鱈の子飯	蜆《しじみ》めし
一八〇二	名飯部類	浜焼めし 鰮魚《いわし》飯 はまちめし はも飯 うなぎめし 海糟魚《あみざこ》飯 呉魚子《たらのこ》飯 乾呉魚子飯	蜆肉めし
一八〇五	素人庖丁二編	黒人飯 鯛の子飯 堅魚飯 鰯飯 いか飯 鱧飯 桜飯 小鮎飯 鮰《ぼら》飯 ど志やう飯 海老飯 網雑喉《あみざこ》飯 ・千疋《せんびき》飯 煎子飯 鯛の子飯	蜆飯
一八二三	料理調法集	鰹飯 鰯飯 海老飯 白魚飯 鯷《ひしこ》飯	蜆飯
一八三三	都鄙安逸伝		

肉類	貝類
鶏飯　雉《きじ》飯	
鶏飯　玉子飯　鷺《さぎ》飯　雉子飯	赤貝飯　蛟《たいらぎ》飯
鶏飯　きじ飯	かき飯
鶏飯　鶏卵飯　鴨飯　雉子飯	
玉子飯　雉子飯	
鶏《け》肉《い》飯《はん》　鶏卵飯・山吹めし　鴨肉めし　焼鳥めし	鰒《あわび》魚めし　牡蠣飯
鶏飯　玉子飯　小鳥飯	鳥貝飯　蠣飯　蛤飯
鶏飯　鶏卵飯　鴨飯　雉子飯	蛤飯

（柏書房刊『図説　江戸料理事典』より）

三

めん料理

江戸時代のめん類のおもなものはうどんやそうめん、そばである。うどんは奈良時代に渡来した唐菓子の餛飩《コントン》が始まりとする説もあるが、別のものとする説もあり、定説がない。室町時代の記録には饂飩《うどん》があり禅僧によって作られている。江戸時代に入ると料理書にはうどんの作り方があり、寛永二十（一六四三）年刊行の『料理物語』には、現在のものと変わらないうどんの作り方がある。

幅の広い平うどんはひもかわと呼び、東海道芋川《いもかわ》（現在の愛知県刈谷市内）の名物であったという。うどんの細いものに冷麦があり、切麦《きりむぎ》とも呼ばれ、暑い時節によく、冷たくして食べた。

さらに細いものにそうめんがある。そうめんは素麵・索麵と書き、水でこねた小麦粉を細く引きのばして作り、奈良時代の索麺《むぎなわ》が原形といわれている。

そばは古くから栽培されていたが、粒のままそば飯としたり、そば粉はそばがきや団子として用いられ、めんの形のそば切《きり》が作られたのは江戸時代になってからである。

現在ではめん類を手作りにすることは都市部ではほとんどないが、江戸時代にもめん類は外食によることが多かったようで、万延元（一八六〇）年江戸府内には店を構えたそば屋だけでも三七六三店あったという。

『守貞謾稿』によると、めん類の店は、京坂ではうどん屋が多く、江戸にはそば屋が多かったという。江戸初期には安くて無造作に食べられるめん類の店では、けんどんをつけて、けんどんうどん、けんどんそばと呼んだが、その後けんどんの語はすたれた。

『守貞謾稿』には、うどんの種物《たねもの》として、しっぽく（うどんの上に焼鶏卵、蒲鉾、椎茸、くわいの類を加える）、あん平（しっぽくと同様にして葛醤油をかける）、鶏卵（うどんの卵とじ）、おだまき（しっぽくと同じ品を加え鶏卵を入れて蒸す）、などをあげている。値段は、うどん一六文に対し、おだまき三六文であったという。

そばの種物には、しっぽくのほか天ぷら（芝海老の油あげ三、四をそばの上にのせる）、あられ（ばか貝の柱を加える）、花巻（浅草海苔をあぶりもんで加える）、玉子とじ（鶏卵とじ）、鴨南蛮（鴨肉と葱を加える）などがあり丼鉢に盛った。つけ汁で食べるそばは、七三頁の

そば、うどんの店と看板の行燈（『守貞謾稿』）

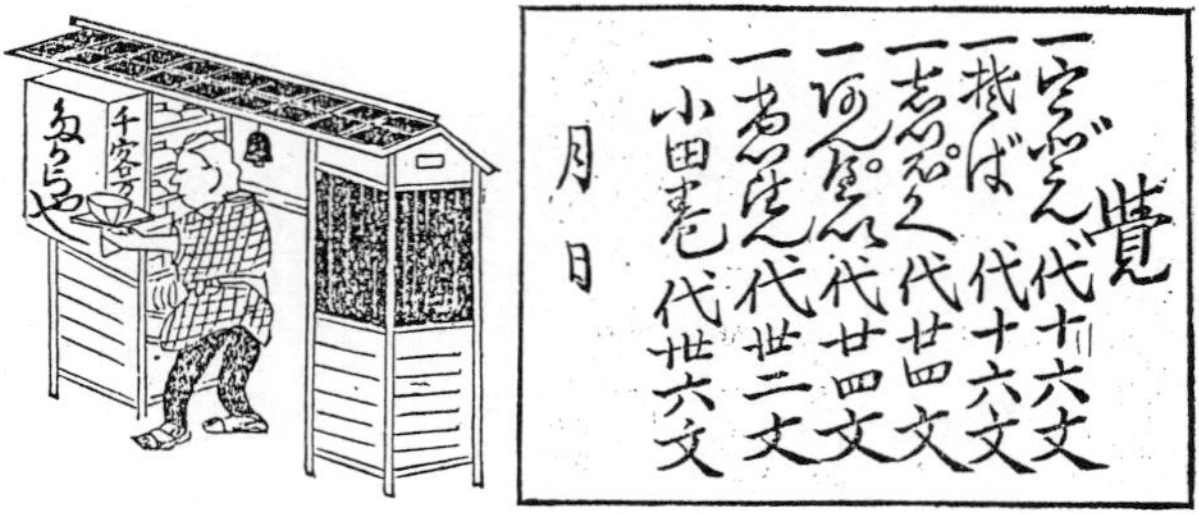

そば、うどんの店の張紙と蕎麦売。江戸では屋台に風鈴を吊ったものがあり風鈴そばと呼ばれた（『守貞謾稿』）

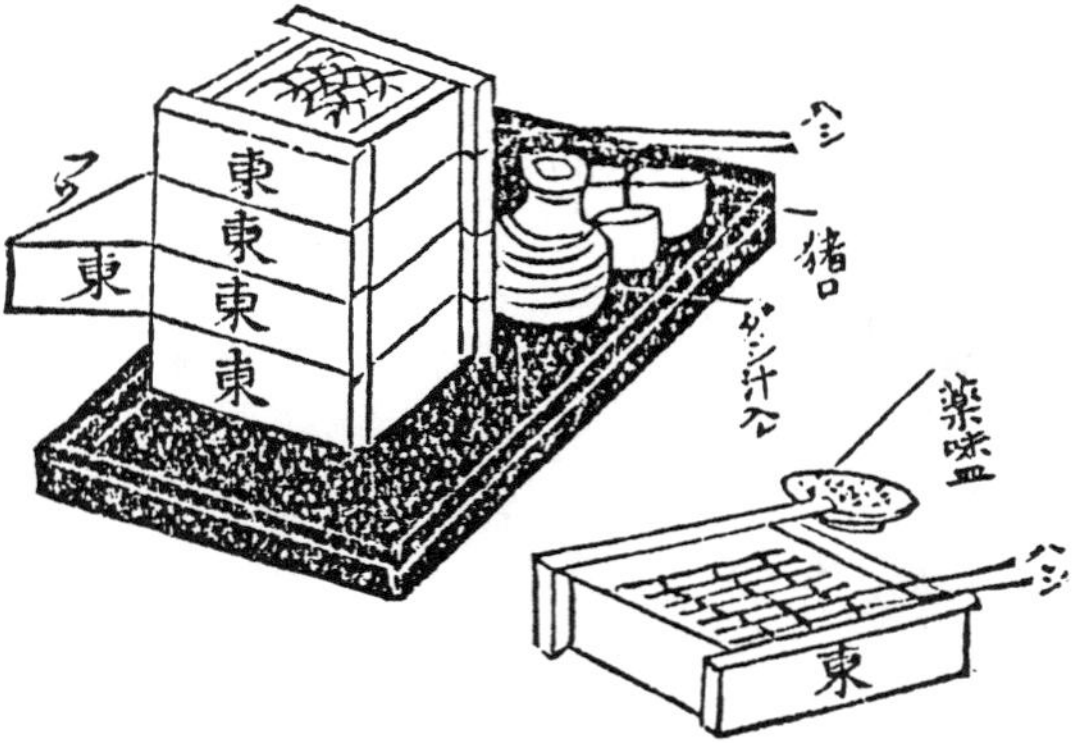

盛そば（『守貞謾稿』）

図のような外側が朱ぬりで内側が黒ぬりの、底が竹簀の器に盛って盛そばと呼んだ。

そば屋の看板に二八そばとあるのは値段が一六文だったからという説と、そば粉八と小麦粉二を合わせて作るからという説がある。また屋台をかついで売り歩く者も多く、江戸では夜鷹そば、京坂では夜啼《よなき》うどんと呼んだ。江戸のそば売りの中には屋台に風鈴《ふうりん》を吊るものもあり風鈴そばと呼ばれた。

うどん　料理物語

粉いかほどうち申候共　塩かげん夏はしほ一升に水三升入　冬は五升入て　その塩水にてかげんよきほどにこね　うすにてよくつかせて　玉よきころに　いかにもうつくしく

ひゞきめなきやうによく丸め候てひつに入　布をしめしふたにして　風のひかぬやうにしてをき　一づゝ取出しうちてよし　ゆでかげんはくひ候て見申候　汁はにぬき又たれみそよし　胡椒《こせう》　梅《むめ》

温飩　　料理山海郷

うどんのこ　ずいぶん堅くこね　御座《ござ》につゝみふむ事ねまり出るまでよくふみ　それより水ゆでにする　六ふき目より火を引てうます〔むらす〕六ふき目より汁をこしらゆる也　極上のしやうゆ鰹出しにてせんじるなり　汁出来る迄にうどんはよくうめる〔むれる〕也

【解説】『料理物語』には、粉をこねて打つところが詳しく『料理山海郷』にはゆで方、汁の作り方が詳しい。『料理山海郷』には、「よくふみ　それより水ゆでにする」とあり、打つところがないが、同書の早温飩、きし麺には打つとあり、当然のことなので省略したのであろうか。なお『料理物語』の汁のにぬきは煮貫のことで「なまだれにかつほを入せんじこしたるもの也」とある。なまだれ、たれみそについては第一章の調味料の項で解説した。

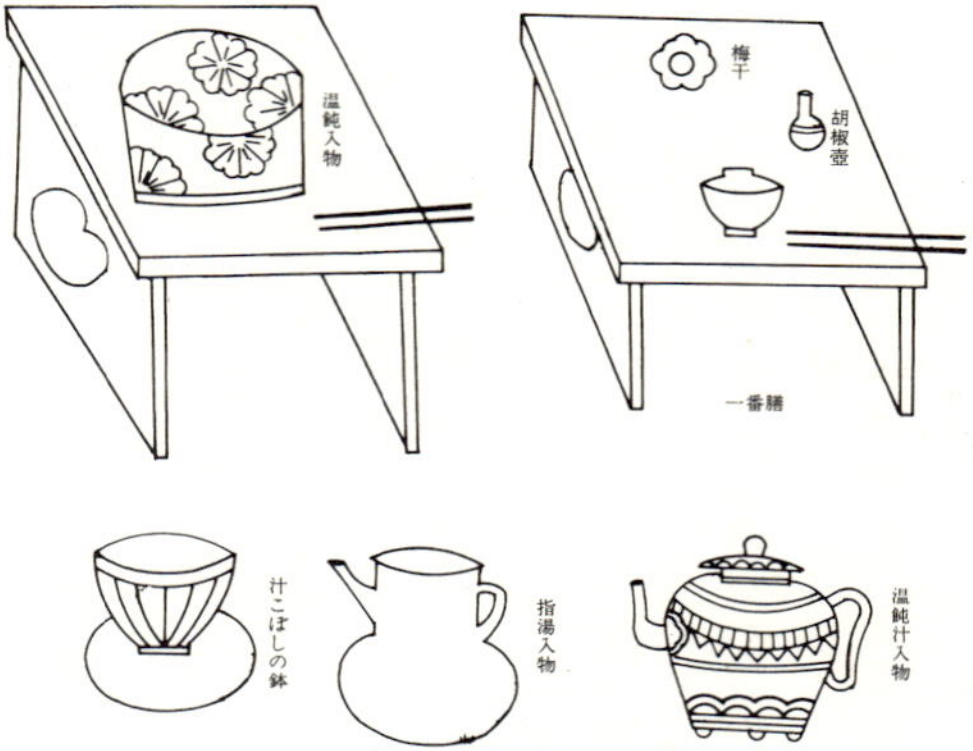

うどんの膳立（『羹学要道記』）

うどんの作り方を原文でみると、小麦粉をこねる塩水は、夏の割合で塩一升に水三升で約三五パーセントの食塩濃度となる。しかし当時の塩は現在のように精製されていないので、この割合は適用しにくい。また粉と水の割合も具体的に記されていない。

粉と水の割合は『料理物語』では「塩水にてかげんよきほどにこね」とあり、『料理山海郷』には「ずいぶん堅くこね」とある。めん類の粉と水の割合は、粉の性状やその時の気温などにも影響され、「加減よき程に」としか表現できないようで、そば切についても同様である。

うどんの作り方は現在とほぼ同様であるが、うどんの食べ方は現在とは違っているようで『羹学要道記』は、その食べ方を絵入りで詳細に次のように説明している。前頁の図のように一番膳には梅干と胡椒がそえてあり、その解説に昔は必ず梅干を一つ付けたが、今は梅干でも大根おろしでもよい。梅干を付ける理由は、温かい物を食べると肺臓が開くが、梅干を食べるともとのように肺臓がしぼむからである。大根おろしはうどんがもたれやすいので、それを防ぐためであり、どちらを使ってもよいとしている。この本は一七〇二年に書かれているから、その頃から梅干はあまり用いられなくなったのであろう。うどんの入物は黒塗の飯鉢がよく、その他につけ汁の入物、指湯《さしゆ》の入物、残った汁をこぼす鉢を出す。飯鉢のうどんには、さめないように熱湯をかけておく。客の椀に飯鉢からうどんを盛り、あつい指湯をかける。つけ汁は椀の蓋につぎ、うどんにつけ汁をつけながら食べる。つけ汁が薄くなったら汁こぼしへ捨て、またつけ汁をつぐ。

うどんの薬味は『料理物語』にも「胡椒　梅」とあるように、江戸時代には胡椒が用いられた。近松門左衛門の浄瑠璃「大経師昔暦」の中に「本妻の悋気《りんき》と温飩に胡椒はお定り」というのがある。

かみなり温飩《うどん》　素人庖丁

是は太打《ふとうち》の彼うんろくという程のふときをとりよせ　いかにもよく煮抜《にぬき》　さて前のごとく　からなべにあぶらを少いり付　先《まづ》かやくの類を入てかきまぜ　豆ふを半丁ばかりそのま丶入れてまたよくまぜ合す（たうふかやくうどん いづれも人数応す）其所《そこ》へこんぶだし　酒しほ　しやうゆのかげんよく汁をしかけ　よくにあがりて　右のうどんを客一人に十すじばかり器《うつは》に入れ　そのうへに加益汁《やくしる》とも程よくもりて出すべし　大平《おほひら》等に沢山《たくさん》にともりたるは尤よし　かやく吸口は好みにまかすべし

【解説】　かみなりうどんの名は、雷豆腐にうどんを入れるところからきたものであろう。雷豆腐は『豆腐百珍』にあり煮立った油の中へくずした豆腐を入れていりつけ、しょうゆで味をつけたものである。加熱した油の中へ水分の多い豆腐を入れると、水分が急激に沸騰して雷のように大きな音がするので雷豆腐なのではと思われる。前出の『料理物語』のうどんは素朴な料理法であるが、かみなりうどんは、豆腐、かやくの野菜、油などが加わり、栄養的にも望ましく味もよい。『料理物語』の寛永から『素人庖丁』の文政まで約一八〇年が経過している。その間に中国料理の影響を受けた『和漢精進新料理抄』（一六九七）が刊行され、その中に麺として「索麺《さうめん》をこわめにゆで丶よく洗置　さて油を少しよくたゝせ　青菜　豆腐等をいりあげ　次に水を入《いれ》てよくたき立　右の索麺を入て醬油にて味付也」とある。そうめんとうどんの違いはあるが、ほとんど同じ作り方であり、かみなりうどんは中国料理の影響をうけたものであろう。

にうめん（入麵）　料理物語

まづ素麵《そうめん》をみじかくきり　ゆで候てさらりとあらひあげをき　たれみそにだしくはへふかせ入候　小なねぶか　なすびなど入てよし　うすみそにても仕立《したて》候　胡椒《こせう》、さんせうのこ

葛にうめん　素人庖丁

此仕やう　極上のそうめんを　常のごとく湯煮し水にうつし　直ぐに手を入ず　最初は箸にてかきまはし　其水をとり捨て　その後手にて能もみあらひ　幾度も水をかへていかきに揚置て　こんぶ　豆の出しに椎たけの漬水《つけみず》をまじへ　醤油酒しほかげんよく合し　葛をよき程にのばし
せり　みつば　ねぎ　きくな　かいわり　ほうれん草　椎茸　松たけ　しめぢ　やきぐ

り　ぎんなん　くわゐ　ながいも　麩の類　こふたけ　岩たけ　ゆば　刻《きざみ》ゆば

是等の中にて三種か五種取合　加益《かやく》に用《つか》ふ　此余は好みまかせつかふべし　さて器にそうめんを盛り　上にかやくを置　右のうす葛をかけて出す　葛は少し濃きかた尤もよし

菓子わん又大平梅わんなどによし　但し吸口は

せうが　こせう　きのめ　さんせう　はなゆ　ゆの皮　とうがらし　わさび

此うちにて見合用ふべし

【解説】　そうめんは古くから各地で製造されて名物も多く『毛吹草《けふきくさ》』には山城の大徳寺、大和の三輪、伊勢、武蔵の久我《こが》、越前の丸岡、能登の和嶋、備前の岡山、長門の長府、伊予の松山のそうめんを名物としてあげている。

『本朝食鑑』によると、そうめんの製造法は、好い小麦粉に塩水を加え油を入れてかきまぜ、手でかきまわしてこね、よじって細いすじにし、これを圧展《おしのば》してだんだんと糸に作る。長さ細さを一様にして盆の中にひろげ、やや乾いてから竹桁《よこぎ》にのせる。またよじりのばし、手折れるくらいまでかわかして、ひつの中に収蔵しておく。食べる時に長らくゆでて油、塩を取り去る。

七月七日には必ずそうめんを食べる習慣があり、また、そうめんは贈物としても用いられたという。

そうめんの食べ方としては、普通つけ汁をつけて食べるが、みそ汁やしょうゆ汁で煮て食べるのを入麵《にゅうめん》という。冒頭ににゅうめんについての原文を二つあげたのは、一六四三年の『料理物語』と一八〇三年の『素人庖丁』のにゅうめんを比較するためである。江戸初期にはしょうゆは普及しておらず、まだたれみそを用いている。たれみそはみそに水を加えて煮つめてから袋に入れて垂らしたものといわれ、真の風味はわからないが、うすみそで仕立てたものは至極素朴な風味である。葛にゅうめんはしょうゆを用いての作り方で、かやくや吸口も多彩で、汁にも葛で濃度をつけ口ざわりもよく、一六〇年を経た食生活の豊かさを思わせる。この葛にゅうめんは精進料理として書かれている。

蕎麦きり

料理物語

めしのとりゆにてこね候て吉　又はぬる湯にても　又とうふをすり水にてこね申事もあり　玉をちいさうしてよし　ゆで丶湯すくなきはあしく候　にへ候てからいかきにてすくひ　ぬるゆの中へいれ　さらりとあらひ　さていかきに入にへゆをかけ　ふたをしてさめぬやうに　又水けのなきやうにして出してよし　汁はうどん同前　其上大こんの汁くはへ

吉　はながつほ　おろし　あさつきの類　又からし　わさびもくはへよし

蕎麦切　料理秘伝記

飯の取湯　又ぬる湯にてこね打　短切湯煮して　二あわ程にて水少入上げ能あらい桶に入　又湯掛温めざるにあけ　下に温湯を入　むしかわかし出し吉　好に依て蒸籠にてむして出すも有　汁同断　又豆腐を擂水にてこね申候　又玉子の白身も入る

花鰹　ほろみそ　からみ　ちんぴ　ねぎ　唐辛子　のり　塩打豆　わさび又ろくぜう　唐辛子　焼のり　からみ　ほろみそ　おろし右如此類取合　皿　猪口に盛出す

附　古そば打候時　山芋下し少入　たでの葉すり入こね仕立候得ば、新蕎麦の風味有なり

蕎麦切　料理山海郷

信濃の粉は湯にてこねるがよし　暖国にて出来たる粉は水にてこねるがよし　土用の中の粉はよし　土用過の粉はあしゝ　此ときは粉一升に玉子三か　またはとう腐壱丁いるゝ

がよし　夕飯に多人数のそば拵るには　あさより打ねばならず　かわきてあしくなるゆへ正月に餅を水煮にして其水を能さまし　餅のかたまりなきやうにして是にてこね打也　一日二日にても加減そんじず

【解説】そば粉を水でこねて薄くのばし、細く切ってゆでて、そば汁（そばつゆ）をつけたり、熱くしてかけたりして食べるめん。現在は「そば」というが、江戸時代には「そば切り」と呼んだ。そば切りの文献初出は『慈性日記』の慶長十九（一六一四）年の記事といわれる。

そば粉をこねる方法として、江戸初期の『料理物語』では、湯でこねたり、豆腐をすって入れたり、飯の取湯（重湯）を用いたりしている。そば粉には小麦粉のグルテンのような粘りの強い成分が含まれていないので、湯でこねてそば粉のでん粉を糊化し、その粘りを利用したり、粘りのある重湯を用いたりしている。現在のように、つなぎに小麦粉を用いるようになったのは元禄の頃からといわれているが、元禄より前の寛文八（一六六八）年成立の『料理塩梅集』の蕎麦切方の中に「夏はそばひね中候故、少うどんの粉　そば一升に三合まぜこねるが能候」とある。

出来上がったそばは熱湯をかけてあたためたり、さっとゆでてから蒸籠で蒸したりする蒸しそばが江戸初期には行われたが、その風習の名残りで、現在でも盛りそばは小型の蒸籠に盛って供されている。

そば汁については『料理物語』(一六四三)には「うどん同前」とあり、うどんには「汁はにぬき又たれみそよし」とあり、醤油は用いていない。『料理塩梅集』(一六六八)のそば汁は「蕎麦汁方　醤油　酒　水　此三色等分に合　是へ昆布三つの一つ(三分の一)入れせんじ候」とあり、昆布だしで醤油味である。『料理私考集』(一七一二)には「そば切り汁　醤油一升　水二合　酒一合　けづりかつを三合　右の通りせんじ詰め　かげん次第」とあって鰹節だしを用いている。

四

魚介料理

日本は周囲を海にかこまれ、世界有数の魚食国である。食用にする魚の種類が多いのも日本人の特色で、毒でないものは、ほとんど食べているといってもよい。また、調理法も多様で、煮る、焼く、蒸す、揚げるなどの加熱調理のほか、刺身、すしなどで生食することが、魚食といっても塩蔵品や缶詰の利用が多い欧米人と違っている。

江戸時代の庶民の食生活は質素であり、海から遠い農山村の人々が魚を食べるのは、ハレの日の楽しみであったという。しかし都市部の富裕な人々は食生活も豊かで、魚市場も繁盛し、江戸で初鰹が珍重された話は今も有名である。

宝暦十（一七六〇）年刊行の『名産諸色往来』には、当時の魚介類について、次のように記している。

日本橋魚市（『江戸名所図会』）

「伊豆　相模　安房　上総《かづさ》　下総　常陸　伊豆　駿河　江嶋　鎌倉之《の》生肴　押送《をしをくり》　小早《こばや》艀《はしぶね》　或陸着也《あるひはをかづけなり》。毎日　朝晩　日本橋之《の》河岸《かし》者《は》　不レ輒ニ往還一《わうかんたやすからず》。鯛　鱸　平目　鰍　鰆　鰤　鰡　鮬《せいご》　魳《かます》　鯔《さより》　石首魚《いしもち》　鱧《はも》　鮀《すばしり》　鰧魚《おこせ》　鰶《このしろ》　鱏《えい》　鱰《しいら》　鱑《しび》　鰹　魬《こち》　鮫《さめ》　鮍《たいらぎ》　鰺　鱠《き》　残魚《すご》　鯖　鰯　鰊　王餘魚《かれい》　交鰩魚《とびうを》　鯷《ひしこ》　品川鰒《ふぐ》　蝟皮《いび》　江豚《いるか》　鱒《ます》　鮭　鮟鱇《あんかう》　白魚《しらうを》　白鮂《しらす》　馬蛤《まて》　栄螺《さゞい》　辛螺《にし》　蠣《かき》　石決明《あわび》　蛸　生《な》海鼠《まこ》　海老　海松喰《みるくい》　烏賊《いか》　赤貝　芝鰭《しばえび》　蜊《あさり》　魦《いさゞ》　蛤　鮩《あみ》　蜆《しゞみ》　鯉　鯽《ふな》　鱣《うなぎ》　鮎《あゆ》　鯲《どぜう》　塩煮　煎物《いりもの》之雑喉《ざつこう》等也　其外諸魚難ニ筆記盡一。是小《こ》船町《ふなちやう》之問屋《のとひや》　芝《しば》之《の》問屋着《とひやにつき》　江戸中棚賣振賣之本也。」

当時日本橋にあった魚河岸《うおがし》（魚市場）では多種類の魚介類が売買されていたが、江戸時

魚介類の格付け

魚介名	黒白精味集	古今料理集	魚介名	黒白精味集	古今料理集	魚介名	黒白精味集	古今料理集
アイナメ	中	中	カレイ(イシカレイ)	上	上	タカノハ	下	／
アカウオ	中	上(アカウ)	キス	上	／	タコ	中	中
アカエイ	中	中(エイ)	クジラ	下	下	タニシ	中	中
アカガイ	上	上	クルマエビ	上	上	タラ	上	上
アサリ	中	中	クロダイ	下	／	ドジョウ	下	中
アジ	中	下	コイ	上	上	ナマコ	中	上
アマダイ	上	上	コチ	中	上	ニシ	中	下
アユ	上	上	コノシロ	下	下	バイ	中	中
アラ	中	上	サイ	下	中	ハゼ	下	中
アワビ	上	上	サケ	上	上	ハタシロ	上	上
アンコウ	上	上	サザエ	中	上	ハマグリ	中	中
イカ	中	中	サバ	下	下	ヒシコ	下	下
イサキ	下	／	サメ	下	／	ヒラメ	中	上
イシモチ	中	下	サヨリ	上	上	フグ	下	下
イセエビ	上	上	サルボウ	中	中	フナ	上	上
イワシ	下	下	サワラ	上	上	ブリ	下	下
ウグイ	下	上	シジミ	上	中	ホウボウ	中	／
ウナギ	中	中	シバエビ	中	／	ボラ	中	中
オコゼ	下	／	シマアジ	下	上	マグロ	下	下
オットセイ	評価なし	／	シラウオ	上	上	マス	上	上
カキ	上	上	スズキ	上	上	マテ	上	上
カサゴ	中	／	スバシリ	中	下	ミルクイ	上	上
カツオ	中	中	スッポン	評価なし	／	ムツ	下	下
カド(ニシン)	下	下	タイ	上	上	メジカ	中	上
カニ	下	下	タイラギ	上	上	メバル	下	中
						モウオ	中	上

刺身の図　京坂の「作り身」(右)、江戸の「差身」(左)
(『守貞謾稿』)

代には魚介類の上下の格付けが重視されており、饗応の膳では身分に応じた格付けの魚が供された。料理書の中には魚介類の上中下の格付けを記載したものもあり、『黒白精味集』と『古今料理集』から上中下の格付けを魚介名の五十音順にまとめて表に示した。

鯛は現在も第一位の魚であるが、室町時代までは鯉が最高で、鯛が一位になったのは江戸時代からである。格付けは時代によって変化するようで、現在は珍重される鮪は下魚で、とくに脂肪の多い大とろなどは嫌われていたという。現在高価な河豚《ふぐ》も中毒死が多く下魚とされている。

次に江戸時代の全期にわたるように、九冊の料理書を選び、七冊以上に登場する魚介類を調べてみた。九冊の料理書は『料理塩梅集』(一六六八)、『料理献立集』(一六七一)、『古今料理集』(一六七四頃)、『合類日用料理抄』(一六八九)、『傳演味玄集』(一七四五)、『料理伊呂波庖丁』(一七七三)、『新撰庖丁梯』(一八〇三)、『会席料理秘嚢抄』(一八五三)、『年中番菜録』(一八四九)である。七冊以上に登場するものは、アユ、アワビ、アサリ、イワシ、イカ、エビ、カツオ、カキ、カレイ、クジラ、サケ、シラウオ、タイ、タラ、タコ、ナマコ、ハマグリ、ブリ、カレイであった。

九冊の料理書に記載された魚介類の料理は一六六種あり、調理法別に分類して、頻度の多いものからあげると、汁物、鱠、煮物、焼物、刺身、鮓、浸物、和物などである。それらの中から現在はない料理名をあげてみると次のようなものがある。

濃漿《こくしょう》(みそを濃くといて煮汁とした魚鳥野菜の汁の多い煮物)、集汁《あつめじる》(野菜や魚介類の干物などいろいろ入れたみそ汁または清《すま》し汁)、海鼠畳汁《こだたみじる》(ナマコの繊切りを入れたとろろ汁)、がんぞう鱠《なます》(加雑鱠《かぞうなます》・キス、サヨリ、カレイ、エビ、イカなどいろいろ作りまぜた鱠)、酢煎《すいり》(脂肪の多いアジ、サバ、カツオ、イワシなどを煮る時、煮上りに酢をさし生臭味をとる料理)、貝焼《かいやき》(貝殻をなべ代りにして魚介や肉類を煎り煮した料理、またはそれを卵とじにした玉子貝焼もある)、杉焼(杉板の裏にこげないように塩を塗り、板の上に塩やしょうゆで下味をつけた魚や鳥の肉を並べて焼き、杉の香を移したもの)、掻《か》き鯛(鯛の卸身を庖丁の先で掻きとり、まな板になすりつけて積み重ね、それを刺身のように庖丁で切重にしたもの)、酒浸《さかびて》(刺身または一塩物や乾物の魚介類を酒に浸し、供する直前にとり出す)。

鰹刺身　　傳演味玄集

上身を厚さ三分程に取て　なげ作りに薄く下身はかさね　但笹の葉なりのなげ作り物に不レ構　しやんと盛たる　甚風情ありてよし　併庖丁にぶきものならぬ事なり　白めかさね同じ心得也　何も血合不レ残とり可レ作　又酒に浸し置　盛出す事も有　塩酒　からし酢みそ　醬油におろし大根　唐からし又はしぼり汁　色々の風情あれ共　からし酢味噌　塩酒　此二色小猪口に入出すにしかず

私に思事有　四月五月迄　塩酒からし酢　六月より七月　醬油にしぼり汁　新唐がらしにくからじ　四五月は鰹若し　六月七月は甚油あり　さりながら醬油に唐からし卸大根は料理と云にはあらず　酒の肴なり

【解説】江戸の初鰹の料理はおもに刺身で、薬味には辛子《からし》がつきものとされた。右の作り方では四、五月の若い鰹には辛子酢みそなどがよいが、六、七月の脂肪の多い鰹には醬油におろし大根がよいとしている。

江戸の初鰹売り（『守貞謾稿』）

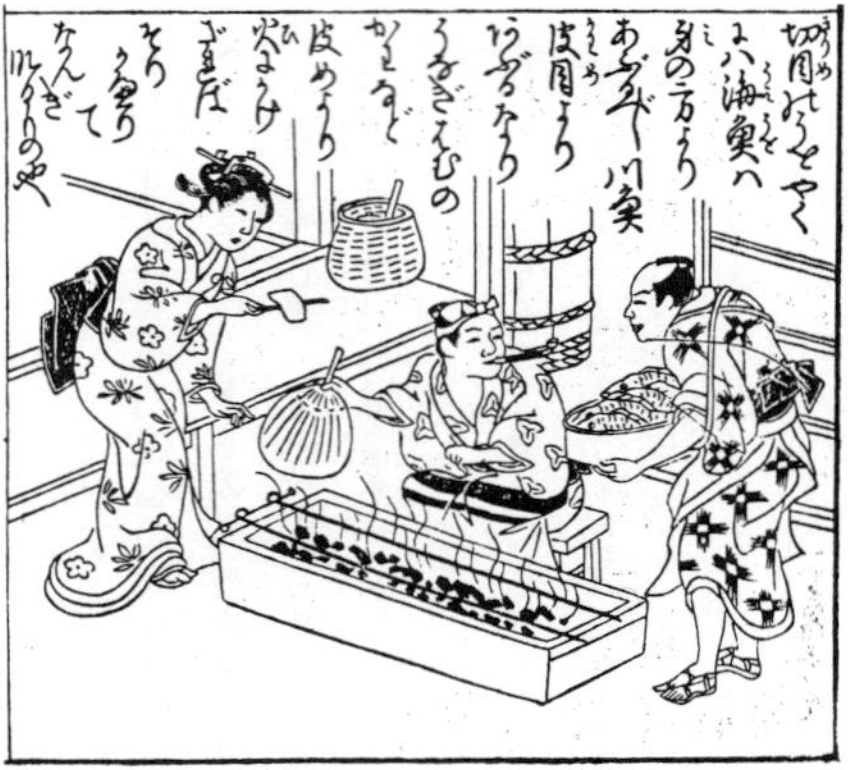

魚の焼き方（『料理献立抄』）

「切目《きりめ》のうをやくには海魚《うみうを》は身《み》の方よりあぶるべし　川魚皮目《かわめ》よりあぶるなり　うなぎはむのかわなど皮めより火にかけざれば　そりかへりてなんぎなるもの也」

江戸時代には魚介類や野菜類の初物の高値を制限するために、売出し時期の禁令がたびたび出されており、鰹は四月（現在の五月頃）が売り始めの時期とされた。明和・安永（一七六四〜八一）の頃から、文化・文政（一八〇四〜三〇）の頃には、江戸の初鰹志向は熱狂的で、幕府の定めより以前の初鰹が闇ルートで驚くような高値で取り引きされた。走りの時期が過ぎると鰹の値は下がり、また上方には初鰹への熱狂はなかった。

魚介類を生食する料理法にはなますと刺身があるが、なますは獣肉や魚介類を生のまま細かく刻み、酢で和えたので生酢《なます》が語源で、獣肉を用いたので膾の文字があり、魚を主材料とするようになって鱠と書くようになったという。刺身はなますの一種として室町時代から作られるようになり、材料を厚く切り、調味料を添えて供するものを刺身という。

薩摩名物しろ煮《いり》鯛

鯛百珍料理秘密箱

鯛を三枚におろし　壱寸四角に切　鍋にあぶらをいりつけ　醬油をさし　また酒を入れる　汁は魚《うを》より少し上になるくらいがよし　扨鍋のふたを取て煮也　一度にへあがりたるときに　白豆腐を角切にして入れる　此時に汁をよきほどにして　かげんをする　かやくは紅おろし大根をのせ出す也

【解説】見出しの下に次の注がある、「此国にて伊作と中所の茶人の料理なり」。普通の煮つけとは違って油を使い、豆腐を加えて惣菜的な鯛料理である。

鯛は古くから魚の中では最も美味なものとして喜ばれ、マダイ、チダイ、キダイ、クロダイなどの種類があるが、代表的なものはマダイである。現在ではタイ科以外の魚にも鯛と名のつくものがあり、また外地からの輸入魚にも鯛と名づけられるものがあり、マダイと似ているヨーロッパまだい、クロダイと似ているちかだい、キダイと似ているあかれんこやアンゴラれんこなど、新顔の鯛も素人眼には見分けがたい。高価なマダイなどは家庭の食卓には縁遠いが、値段の手頃な新顔の鯛も、調理法によっては美味な惣菜となる。

なお、原文で「鍋にあぶらをいりつけ」とあるのは「鍋に入れて油でいりつけ」と解釈しないと意味が通じない。

佐渡《さど》芋汁鯛《いもしるたい》

鯛百珍料理秘密箱

大鯛を三まいにをろし　身を捨作りにして　自然芋《じねんじやう》の皮をむき　とろゝにすり　扨酒だしに醤油のかげんをするなり　右の汁にていもをのべをきて　鯛も右の汁にざっと漬　す

ぐにあげをきて　器《わん》にうをを入て　上にとろゝをかけて出《いだ》す　油気《あぶらけ》なくかるき事甚し　かやくは青のりのこをかけて　其外かやくはとうがらし　ねぎのこまぐ入る　是はいづかたにても　心安く出来申候

【解説】見出しの下に次の注がある。「金山名物也　佐渡の金山のわたりに茶やなどあり此所にてかな山大工などたのしむ所也　自然芋沢山にある所なり」。原文中捨作りというのは、大小厚薄不同に切る刺身の切り方の一種であるから、好みの切り方をすればよい。この料理は現在山かけといわれるものに近く、やまのいもを汁でのばし芋汁にしている点が違っている。

金山で働く人が食べた庶民的料理で、惣菜に適している。原文中の酒だしは、水のかわりに酒を使ってとった鰹節のだしである。

はむ皮鱠　　　海鰻百珍

はむの皮を薄く醤油つけ焼にして冷《さま》し置　細々刻《きざ》み　大根　瓜　蒲南瓜《かぼちゃ》　独活《うど》などと共に鱠にしたるを海南佳品といふ　俗にいふ皮鱠なり

【解説】はむは鱧《はも》で、あなごに似たハモ科の魚であり、関東ではあまり用いられないが、関西ではかば焼きや土瓶蒸しの材料として珍重されている。主に高級かまぼこの材料となるので、残った皮を焼いたものがはも皮として売られ、瓜もみやはも皮ご飯として利用される。

鰯《いわし》かびたん漬《つけ》　　素人庖丁

常のごとく首　黒わたをよく取り　白やき〔素焼き〕にして　胡麻《こま》のあぶらにて揚《あげ》る　わりねぎさつと湯《ゆ》がき・椎茸細《ほそ》ぎり・木くらげ　とうがらし　右の類ひとつにして　三ばい酢《す》或は二はい酢に漬《つけ》おくなり　日《ひ》数《かず》もちても味《あぢ》かわることなし　同しくは　朝《あさ》に漬《つけ》たるを　昼後《ひるご》に用《もち》ゆれば　風味ことの外美《び》なり

【解説】かびたんはカピタンのことと思われ、カピタンは当時日本に来たヨーロッパの船の船長（キャプテン）のことをさしたようである。従ってかびたん漬は異国風の漬物のことで、作り方からみると、現在南蛮漬といわれているものとほぼ同じで、油で揚げた魚を、ねぎやとうがらしを加えた合わせ酢に漬けたものである。南蛮漬についてみると、『合類日用料理抄』（一六八九）にも南蛮漬があるが、酢、酒、塩を合わせて煮たてさました中に、鮎や鰯などの小魚、しょうがなどを漬けたもので、魚を揚げるとも、とうがらしを入れるともしていない。『卓子式』（一七四八）には魚なんばんづけとして「小魚は全《まつたき》物《もの》　大魚は三四寸四方にきり油あげ・酢　醤油　酒を合て漬るなり　とうがらし・にんにく入る」とあって現在のものとほぼ同じである。

原文のかびたん漬が現在の南蛮漬ととくに違っている点は揚げる前に焼いていることである。

蠟《らう》焼《やき》海老《ゑび》　素人庖丁

先《まづ》生《なま》にて前《まへ》のごとくにして身を取出《とりだ》し　俎板《まな》の上《うへ》にて押《をし》ひしぎ　横に串《くし》を二本計《ばかり》さし
尤身に少し塩をふる也　裏表よりよく焼《や》き　扨玉子を打割《わり》・うどんこ少し計　せうゆすこし入よくかき立《たて》　五六へん肉《にく》にぬりまわしやくなり尤遠火《とをび》にて焼《やく》　遣ひ方は好《この》みに任《まか》すべし

【解説】前のごとくというのは、蠟焼海老の前にある伊勢海老田楽のようにの意味で、皮

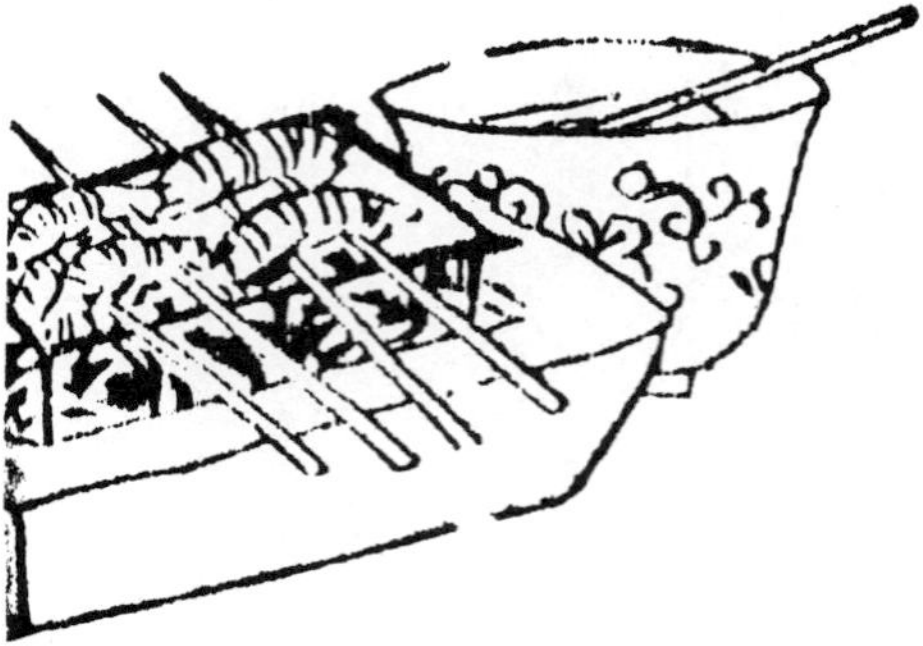

蠟焼海老（『素人庖丁』）

をとり二つ割にして身を取出すこと。

蠟焼は、魚や海老にとき卵をぬって焼く焼物で『素人庖丁』にはほかに、たち魚蠟焼がある。魚を三枚におろし骨をとり串にまき付けはじめ白焼にしてから卵をつけて焼くものである。また『献立部類集』には、鯛と塩鰹の蠟焼が見られる。

現在行われている焼物の一つに黄味焼きがあり、白焼きした魚に卵黄をぬりながら焼くもので、白身の魚、えび、いかなどに用いられる。江戸時代は全卵をぬった蠟焼が、卵黄だけぬるようになって黄味焼になったものであろう。

烏賊《いか》温飩《うどん》もどき　　素人庖丁

前のごとく　生にて随分《ずいぶん》手がら次第に薄くへぎ　細長《ほそなが》にきざみ　にへ湯へさつと通《とを》しうすやき玉子　椎茸　みつば　右のかやくにて　吸物《すいもの》わん　菓子《くわし》わんなどにて　にうめんのごとく盛分《もりわけ》出す　とかく出魚《だし》かげん第一なり

【解説】　いかは現在も惣菜用としてよく用いられているが、江戸時代にも煮物、鱠、焼物、汁物などとして用いられていたらしく、料理書にもよく見られる。このうどんもどきは、長いせん切りにしたいかをさっと熱湯に通し、色どりのよい金糸卵、椎茸、みつばを添えて、吸物仕立にするもので、外観も味もよい。手軽にするのには冷凍のモンゴウイカなどを利用するとよい。いかを細く切る時は、繊維を切るようにすると、熱湯をかけた時ちぢみ方が少ない。

かき田楽（『素人庖丁』）

蠣田楽《かきでんがく》　素人庖丁

大なるかきを　水気よくひたしとり　串にさし焼て　ふきみそ抔にてよし　又からなべにていり付　水気をとり　串にさしてやけばやきよし

【解説】ふきみそは、ふきのとうをきざんで練りみそにまぜたもの。焼みそにすりまぜてもよい。かきは焼くとちぢむので、なるべく大きいかきを用いること。からなべでいってから串にさすとさしやすい。強火で短時間に焼き、みそをぬってかわかす程度にあぶる。あつい中に食べる料理である。

蛤臭和《はまぐりくさあへ》　素人庖丁

つねのごとく湯がきて　身《み》をとりよく洗《あら》ひ　水気《みつけ》を布巾《ふきん》の類にてひたしとる　扨ねぎ・生《なま》にてきざみ・摺ばちにてよくすり　赤みそ　白みそを程《ほど》よく入まぜ　又よくすり　右のはまぐりを入て和《あへ》るなり　木くらげ　かうたけなどあしらいてあへてよし　赤《あか》みそなくば白みそばかりにてもよし

【解説】 葱を細かに刻んで摺り鉢で摺り、みそを加えて摺りまぜた衣で具を和えたものを臭和と呼ぶ。生葱のにおいから臭和というのであろうか。『素人庖丁』には「筍臭和」もあり、作り方は「筍の皮をとり　いかやうとも心まかせに切り、油にて揚げ　葱《ねぶか》を細かにきざみ　摺り鉢にてよく摺り　そこへ味噌を加へ摺り合せ　酒にてのばし　その中にて和えて出すべし」。臭和は試作してみると、意外に美味である。

都春錦《としゅんきん》　傳演味玄集

万葉煮共云　鮭の皮　田作　鰹節　黒豆　銀杏　辛皮　むかご　青昆布　生姜　麩のせん　ちんぴ　梅干　椎茸　木耳抔取合べし　右品々湯煮をして　扨梅ぼし塩出し　鰹と梅を酒に砂糖を入煮て後醬油を入る　陳皮初より入随分能煮るべし　其後の品それ〳〵にだし醬油酒に砂糖少加煮上　黒豆外に能煮染　扨何も一つに入合かき交　汁は梅鰹煮たる汁を用　尤品々盛分にもする也

都春錦　料理秘伝記

細かまぼこ　大かまぼこ（オ又算木か色紙）くしこ　串貝　潮煮貝　あわび（蒸て小短尺かオか）浜焼鯛（むしりて）笹かれひ（短尺かはり）干たこ　干白魚　めざし　干ふくの皮　干鱈の皮　からさけ　いか　するめむしたこ　平かつほ　わかさぎ　田作（三枚にへぎていりて用せんにもすべし）　みどり麩　柚の皮　ちんぴ　くわゐ　かしう　長いも　ちよろぎ　昆布　むきくるみ　杏仁　梅仁　あんにん　青小梅干大梅干　木くらげ　かや　小搗栗　焼くり　牛房　きんあん　松露　椎茸　ぜんまい　わ

らび　辛皮　黒まめ　枝まめ　青さゝげ　玉章〔たまづさ、からすうりのさね〕　川茸　干山椒　生姜　其種々あるべし　右それ〴〵を醬油　溜り　酒或は物によりてさとうなど入銘々に煮あげて一つに交べし　一つに煮てはそれ〴〵の風味わかたず　七種ほどより十五種程用べし　三四種にては不レ宜　切形こまかなるよし　くわゐなどは四つにわりてめんをとり　又は小口に色紙にも　銀杏も弐つにわり跡先を切りたるよし　切形十五種ならば十五色に違へてすべし　献立も其心得にて　色の差合なきやうに取あわすべし　右記ごとく銘々に煮て一つに交べし　盛分る事あしく交たる方風味よし　見わたせば柳桜をこきまぜてと云心にて都春錦と云なるべし　田作りを入てかつほぶし　黒まめ　梅干など取まじへたるは田夫《でんぶ》と云　田作り入たる賞美とかや

【解説】『傳演味玄集』には、田作り、かつほぶし　黒まめ　梅干などをまぜた都春錦を田夫《でんぶ》というとある。『料理塩梅集』の田夫は「鰹節大一つ上皮白所取赤所斗花かつうをより大にけづる　田作二つわりにうろことほねのける　陳皮内の白み取刻《キザミ》にへ過ざるやうにあとより入る　木くらげ　右何も同程に刻　醬油二合酒一合二色合せ　これへ右いづれも入にてさまし　壺に入置也　此外入具は黒大豆　唐皮などもすき〴〵に入よ」とあり、『傳演味玄集』の都春錦の中の田夫《でんぶ》とほぼ同じである。『料理網目調味抄』や『萬宝料理秘

密箱』の都春錦の記述をみると、都春錦はでんぶの一種で、江戸の料理人の伝であるとし、内容は『料理塩梅集』の田夫に近い。

これらのことを総合すると、都春錦とでんぶはどちらが広義なのか判断しにくいが、どちらも材料を細かくして醬油、酒などと煮る煮物であり、田作り、鰹節、黒豆などを材料とするものを特にでんぶという。でんぶといっても魚肉そぼろを調味した現在のでんぶとは大分違うものである。

『傳演味玄集』の都春錦は七種から一五種程の材料をいろいろな形に小さく切り、別々に醬油、酒、砂糖で煮て一つに混ぜるもので、柳桜をこきまぜたように見え、都は春の錦の意味でこの名があるとしている。

『料理秘伝記』の都春錦も同様にいろいろの材料を小さく切って湯煮をしておく。鰹節と裏ごし梅干に酒と砂糖を加えて煮てから醬油を加えた汁で、下煮をした材料を煮て一つにまぜる。

都春錦は工夫次第でいろいろに応用できる料理であり、作り方の定形のわからない料理である。

五

肉料理

肉類は大別すると獣類の肉と、鳥類の肉になる。

獣肉は江戸時代にはどの程度に食べられていたのだろうか。『名産諸色往来』（一七六〇）には、当時売られていた獣について、「糀町之獣者《かうじまちのけだものは》、猪獅子《いのしし》　鹿《かのしゝ》　狐《きつね》　狼　熊　狸　獺《かわうそ》　鼬《いたち》　猫　山犬」としている。『守貞謾稿』には、大略「山家《ヤマガ》では食べていたらしいし、自分が覚えているところでは、大坂でも冬の夜は、むしろを敷き提燈をおいて鹿肉など売っており、小禄武家の使用人たちが買っていた。江戸では麴町に獣店《ケモノタナ》が一軒あったが、横浜開港の頃から獣肉店が多くなり、鳥鍋、豚鍋など煮て売る店も所々に出来た。三都とも獣肉は山鯨とよび、猪は牡丹《ボタン》、鹿は紅葉《モミジ》とよんだ」とある。

獣肉店は通称ももんじ屋と呼ばれたが、『江戸繁昌記』に「徳川幕府季世《キセイ》の頃は、猪鹿

書名	和歌食物本草	料理物語	本朝食鑑	料理集	黒白精味集
成立年	1630	1643	1697	1733	1746
分類／名称	獣之部	獣之部	獣類・鼠類	獣類	肉食の部
シカ	鹿（かのしし）	鹿	鹿	鹿（ろく）	鹿
イノシシ	猪	猪	野猪（いのしし）	猪	猪
ウサギ	兎	兎	兎	兎	兎
ウシ	牛		牛	牛	牛
タヌキ	狸	狸	貍（たぬき）		狸
イヌ	狗（いぬ）	犬	豺（やまいぬ）		赤犬
キツネ	狐		狐		狐
オオカミ	山狗（やまいぬ）		狼		狼
カワウソ	獺	川うそ	獺		
ネズミ	鼠		鼠		鼠
ブタ			猪（ぶた）		豕（ぶた）
カモシカ			かも羊		かも羊
クマ		熊	熊		
オットセイ			膃肭臍	膃肭臍	
ネコ	猫		猫		
モグラ	土竜（うぐろもち）		土撥鼠（むぐらもち）		

江戸時代の食用獣類

猿等の類さへ、汚穢物として甚しく之を排斥し、大名の行列も、ももんじ屋の前を通る時は、其不浄を嫌ひ、駕籠を宙にさし上げて通行せる程なりし、されば、牛肉等は啖《くら》はんこと思ひもよらざりし也」とある。

歴史的にみると天武天皇の時代（六七三〜八六）の殺生禁止令は牛、馬、犬、猿、鶏の肉を食べることを禁じているが、この禁令はその後もたびたび出されており、それらの肉を食べる人々の存在が推測できる。

その後南蛮文化の導入は更に肉食をひろめ、江戸時代には近江の彦根藩主から代々将軍家へ牛肉の味噌漬が献上されていたことはよく知られている。

また、熊本藩主細川忠利公が江戸の藩邸に出した手紙に、赤羽《あかば》（赤毛の牛）の雌の小牛肉の味噌漬を熊本へ送るようにと書いたものがあるという。指定がこまかいところからみると、牛肉の味について詳しかったものと思われる。

江戸時代初期の『料理物語』の獣の部には「鹿　狸　猪　兎　川うそ　熊　犬」があげられているが、その後の料理書では異国料理を扱ったもの以外、獣肉料理はほとんど見られない。橘川房常の『料理集』には、せん切りの牛肉と銀杏《いちよう》切り牛蒡を入れたみそ汁「うしの本汁」があるが、「たべ候ものは百五十日の穢《けがれ》と申候」とことわり書が添えてある。

異色なのは『黒白精味集』で、下巻の中に「肉食の類」があり、九頁にわたって肉料理を記している。動物としては「鹿　猪　かもしか　狸　狐　豚　兎　狼　赤犬　牛　鼠　蛇　蛙　柳の虫　臭木の虫　百足《むかで》　いなご」があげられていて、爬虫類や昆虫も含まれている。とくに珍しいのは豚で、差身、汁、吸物、煮物などの料理法を記している。

しかし獣の下拵《ごしら》えについては「総て四足の類鹿《しし》臭して悪し　料理にて臭きなし　臟腑に手を不付《つけず》　肉をそぎ取作りて冷水にて晒し候得ば水血の如く成也　幾篇も水を替　水のすむ迄水をかえ　よく水気を取　冷酒かけ置候へば三十日はもち申也」とあるので、獣臭への嫌悪感は強かったらしい。

獣肉食は食穢や臭いから抵抗感はあったらしいが、実際にはかなり行われていたらしく、江戸中期の江戸城大奥御膳所の合食禁（食べ合わせ）を記した『公厨食禁』には「四足の肉世」と注をつけたあぶり肉や牛肉の名がある。また幕末の桑名藩士、渡部平太夫の書いた『桑名日記』の天保十（一八三九）年の記事には、牛肉を買って孫たちに煮て食べさせ、せがまれるままに四日も続けて食べさせたとあり、庶民の間にも牛肉の美味は知られていたようである。

その他の料理書を探しても、獣肉の料理はなかなか見つからない。わずかに中国料理について書かれた『八僊卓燕式記《はっせんたくえんしきき》』に猪、羊、鹿が、『新編異国料理』には、餃子 肉饅頭、東坡肉《トンポウロウ》などの材料として猪《ぶた》、鹿、羊、熊などが登場する。

獣類にくらべて鳥類の肉はよく用いられた。『料理物語』には鳥の部に、鶴、白鳥、鴈《がん》、鴨《かも》、雉子《きじ》、山鳥、鷭《ばん》、けり、鷺《さぎ》、五位、鶉《うずら》、雲雀《ひばり》、鳩、鴫《しぎ》、水鶏《くいな》、桃花鳥《つぐみ》、雀、鶏の一八種があげられている。

『名産諸色往来』には、鴈、鴨、鶴、白鳥、蒼鷺《あおさぎ》、五位鷺《ごいさぎ》、大鷺《だいさぎ》、鴻《こうのとり》、雉子《きじ》、山鳥、山《やま》鴫《しぎ》、姥鴫《うばしぎ》、胸黒鴫《むなぐろしぎ》、鶉、水鶏《くいな》、水札《けり》、鷚《ひばり》、梅首鶏《ばん》、川烏《かわからす》、鳩、鶇《つぐみ》、百舌鳥《もず》、鶫《かしどり》、尾長鳥《をながどり》があげられ、鶏はない。

現在最も多く食用とされるのは鶏で、その他には鴨や鶉が用いられるくらいであるが江戸初期には鶏よりも野鳥が多く用いられた。

鶏は殺生禁止令の対象となっていたこともあり、また古代から時を告げ卵を生む神聖な

武家屋敷らしい広い台所の一部での鳥料理の風景（『素人庖丁』）

ものと考えられ、食用とされることが少なかった。その後乱獲によって野鳥が減少すると、鶏の需要が多くなり、料理書にも鶏肉や鶏卵が登場することになる。

『守貞謾稿』には「鴨以下鳥を食すは常のこと也　然れども文化以来　京坂〔京都・大坂〕はかしわと云鶏を葱鍋に烹て食す事専也　江戸はしやもと云闘鶏を同製にして之を売る」とある。

従って江戸時代の料理書に最も多くみられる鳥は鴨である。室町時代頃から鳥では雉子《きじ》がとうとばれ、鴨は低く評価されていたが、江戸時代に入ると鴨の味がよろこばれ、料理法も多様化した。『料理物語』には鴨の料理として、汁、骨ぬき、いり鳥、生皮《なまかわ》、さしみ、なます、こくしょう、くしやき、酒びて等をあげ、その他わさびあえ、のっぺいとう、じぶ、いりやき、へぎやきなどにも鴨を用いている。また『当流節用料理大全』では、鴨の種類を二〇種ほどあげて、それぞれの風味や、一羽で何人前の料理ができるかなどを記している。

うしの本汁　料理集（橘川房常著）

本汁に仕候　せんに引あらひ候て　水のすみ候節能く候　とり合　いてうごぼうよく候
また粕漬に仕置本汁に仕候ても能く候　給《タベ》候ものは百五十日の穢と申候

【解説】 江戸時代にも牛肉食が行われていたことは前に記したが、肉食忌避の風習のため、人目につかぬように、ひそかに行われていた。当時も農村には農耕のための牛が飼われており、不用の牛の処分の結果や、皮革をとるための副産物として、肉がかなりの量得られ、それが食用とされていたことは想像できる。

『本朝食鑑』には、馬は戦時に糧食が欠乏した時には食べることがあると聞くが、日常食べることはないとし、牛については、気を補い、血を益し、筋骨を壮にし、腰脚を強くし、人を肥健にするとして食用が有益なことを述べ、獣肉の中で最も美味としている。

豚の料理　黒白精味集

皮を賞味する也　毛焼してわらにて能摺《よくすり》　小口より作り用《もちう》　肉も用
差身　湯引ぶた　同革　ゑんす　からし酢
汁《ふくさ》　ぶた銀杏切　大根　皮牛房　榎茸
芽うど
吸物《ふくさすまし》　ぶた
煮物《醤油仕立》　ぶた革　葱　長芋　木くらげ
汁《すまし》　ぶた　ごぼうせん　椎茸
肴　いり焼ぶた　粒胡椒
にもの《敷みそ》　ぶた皮　くわい　岩たけ

【解説】『本朝食鑑』では、猪をブタと読み、野猪をイノシシと読んでいるが、これと同様の文献は他にも多くあり、ブタとイノシシは江戸時代には混同されがちであった。『黒白精味集』では猪と豚は区別されている。

豕（『和漢三才図会』）

豚がいつ頃から食用にされたかについては、近年の考古学の研究で、弥生時代の遺跡から出土した猪の骨の多くは、骨の形質的特徴から見て豚であるといわれている。この弥生時代の豚は農耕文化と共に日本列島に持ち込まれたものと考えられている。

その後ブタの名は『日葡《にっぽ》辞書』（一六〇三）に見られ「家で飼い育てるブタ」と説明されている。『日葡辞書』は長崎のイエズス会の宣教師によって編纂された、宣教師のために日本語をポルトガル語で説明した辞書で、当時西日本では豚が飼われていたことを示している。

くじゐと　料理集（白蘆華著）

これは肉にてする事を　くじらの身を用ゆ　身鯨の筋立たる所　小骨先といふ　身別してよろし　大きさ壱寸五分四方程に切て　前日より炭火にて汁のひかぬやうにたくなり　酒と水と斗《バカリ》也　煮汁へりたらば又加て　料理出す時　其前より　大根も右の身ほどに切りて　和《ヤワ》らかになるまで煮込　醤油を以て塩梅《アンバイ》を付る也　一もじ　つぶ胡椒を加

【解説】『南蛮料理書』には「くしいと」とあり、岡田章雄氏によればポルトガル語のコジイト（煮た、茹でた、焼いたなどの意味で、茹でた肉をさす）が料理名になったものであろうという。『南蛮料理書』には「とりか　うをか　牛か　しし〔猪・鹿〕かにて　大こんまろ〔円〕に入て　ひともじ　にんにく　かうらいこせう〔唐辛子〕　つぶこせういれともそのまゝにくたかせ　はしにてはさみきるほど　酢すこしさし　に申也」とあり、いろいろの肉を用いたらしい。岡田氏はまたスペインの家庭料理にコシドという煮込料理があり、骨つき牛肉と豚肉の塩漬、ソーセージの類、玉ねぎ、じゃがいも、豆などを大鍋で煮込むもので、このコシドが日本化されたものではないかともいっておられる。

しかし『料理集』の原文をみると、語源はポルトガル語であっても、中国料理の東坡肉《トンポウロウ》(豚の角煮)と同様のものである。

なお、原文中の小骨先とは、あばら骨のまわりから骨先をつなぐ肉のこと。一《ひと》もじは葱のこと。

すゝへひと　　料理集(白蘆華著)

異国の料理也　庭鳥かあひるにても　身ばかりを　さいの目にちいさく切　水酒を以てたき　しやうゆは少隠して　山いもさい切にして入　ぱんといふものをときて入　又パンの代りに　うどんの粉を入　とろりとしたるやうにして　ねぎきざみ入　玉子つぶしてときまじえ出す　是も塩にてあんばい付がよし

○はん　麦粉にて造もの也　阿蘭陀の食物　長崎にて製す

【解説】『南蛮料理書』には「てすへいと」として次のように書かれている。「てすへいとには　とりをつくりゆにしてあけて　そのあとは右のてんふらりのやうにして　す〔酢〕すこしさし　にたる汁をいれ　しをかげんよきやうにして　たまごのあかみを　うへより

かけて　かきまわし　にあげ申なり」。てすへいとは、ポルトガルの肉料理デスフェイトであろうといわれる。すすへいとは、パンまたは小麦粉でとろみをつけるところが違うが、作り方はほぼ同じである。

原文には、はんとしてぱんについて説明しているが『南蛮料理書』には「はんの事　麦のこ　あまさけにてこね　ふくらかしてつくり　ふとんにつつみ　ふくれ申時　やき申也口伝有」とある。

なんばんれうり　　南蛮料理書

ひりしの事　にわ鳥いでて　此しるにて米をいかにもしろくして　くちなし水にてそめこせう　ちやうじ少　しやうが　にんにく　ひともじ　これをきざみ　めしにたき　そのうへにとりをさきて　おき申なり

【解説】 南蛮という言葉は、今も鴨南蛮、南蛮漬などと使われているが、古くはスペイン・ポルトガルをさし、広く西洋の意味にも使われており、また、とうがらし、ねぎ、油を用いた料理をいう。

南蛮料理の名は『料理物語』『合類日用料理抄』『料理秘伝記』にもあるが、『料理物語』の南蛮料理は、鶏を丸ごとゆでて肉をこまかくむしり、ゆで汁で大根を煮て、たまりと酒塩で味をつけ、むしった鶏肉を入れて妻に平茸、葱などをあしらい、にんにくを吸口にするもので汁物である。

『合類日用料理抄』では鳥飯南蛮料理として、鶏の腹に米の粉と酒、しょうゆ、酢、みそをまぜ、大根、かつおを入れたものを詰めてゆでるとあるが、出来上がりはどのようなものであったろうか。

『料理秘伝記』には「南蛮料理は鯛を白焼にして豕《ブタ》の油にて揚　湯引　だし溜あんばいして吉　又酢少加よし」とある。

このようにいろいろな南蛮料理が紹介されているが『南蛮料理書』記載のものは鶏のゆで汁をくちなしで黄色にそめて米の炊き水とし、胡椒、丁字の香辛料を少量と、しょうが、にんにく、葱をきざんだものを加えて飯を炊き、上に鶏肉をこまかくさいたものをのせるものである。『本朝食鑑』の鶏飯の項には、ほぼこれと同じ作り方を記し、これは南蛮風で美利《みり》汁というものであるとしている。『料理無言抄』巻四の鶏の項には鶏飯の下汁を美《ひ》利《り》汁というとあり、原文冒頭のひりしの事とは、美利汁の事という意味であろうか。

第二章の米の料理の中の鶏飯と異なり、南蛮料理の鶏飯は、いかにも異国風の料理である。

いり鳥　　料理秘伝記

熬鳥《イリトリ》　鴈鴨にても　ひら〳〵と作　下地《シタジ》にだし・醤油　酒塩加　あんばいし煮立　鳥を入　白目つきたる時　汁をのけ煎付　鳥の能時分　のけ置たる汁を入　あんばいして出す
上置作意次第　亦《マタ》右の下地に先骨皮油所を入煮出し　皮骨を去　汁を能程に残し　作身を入いり付　汁を少し宛さし段々熬る也　後残りたる汁皆入　塩梅し出すべし

【解説】『料理物語』には、「鴨をつくり　まづかわをいりて後《のち》身をいれいり　だしたまりかげんしてに申候　いりざけもくは〔加〕ふ事有　せり　ねぶか〔ねぎ〕　くきたちなど入よし　すい口　柚　わさび」と簡潔である。

なべに、だし、しょうゆ　酒などで作った下地を煮立て、薄く大切りにした鳥肉を入れて、さっと火を通して汁を別器にとって肉のみ煎りつけ、また汁を加えて出すもので、取り合せは、せり、ねぎなどのほか『江戸料理集』には、貝、いか、たこ、玉子ふのやき、木くらげ、茸類、麩、氷こんにゃく、たけのこ、うど、みょうがなどをあげている。

いろいろな食鳥（『料理献立抄』）

「春のとりは鶴　きじ　鴫《しぎ》、夏は鷺《さぎ》　鷭《ばん》　ほじろ　ひばり　鶏、秋冬は雁《がん》　鴨《かも》　此外あまたあり　其時せつを見合せつかふべし　かもは四季ともによし　春は一夜塩よろし」

また、出す直前に小麦粉やくず粉、そば粉などを水ときして加えたものを、のっへいといい、煮汁を少なくして　じぶじぶと煮たものをじぶというと『江戸料理集』にある。

のっへいは、のっぺい、ぬっぺいの名で現在も郷土料理として岩手、栃木、新潟、三重、島根などにあるが、野菜を主にしてとろみをつけた煮物や汁物になっている。じぶ煮は金沢の料理として有名である。

のっぺいやじぶ煮の原形であるいり鳥は、汁を煮立てたところへ鳥肉を入れるなど、肉のうまみを保つ工夫が行き届き、手間をかけずに洗練された料理である。

鳥法論味噌《ほろみそ》

合類日用料理抄

寒《かん》の内に雉子《きじ》鳩《はと》其外小鳥にても　身はいかにも細《こまか》に作《つく》り　骨は成程細《こまか》にたゝき　みそを能すりて　酒と水とにてゆるくのべ　鳥とみそと当《とう》分にまぜ鍋《なべ》へ入　炭《すみ》火をゆるくしてそろ〳〵とかきまはし煮申候　破《わり》山椒《せう》　黒ごま其外何にても加《くわへ》申候　二時《とき》も三時も　いかにも静に煮《に》上申候　ゆだんなくまはし　こげつき不レ申候やうに仕候　其後ほろ〳〵と成申候　大形水汁乾《かわき》申候時分取上　能さましつぼへ入置候　翌年夏迄もこたへ申候

【解説】鳥を入れた法論味噌のことで、法論味噌については次の項に作り方を記す。

『傳演味玄集』には、この鳥法論味噌と同様の作り方のものを鳥味噌の名で記載している。

『新撰庖丁梯』の鳥味噌は、酒で煮て柔らかくした鳥肉をほぐして、醤油味で仕上げてあるが、鳥味噌の効能について「老人など朝暮の饌《ぜん》に供する時は　元気をまし　身体すこやかならしむ　孝を尽《つく》さんとならば財《たから》を愛すべからず　鶏にかぎらず　鳧《かも》　鶉《うづら》　ひは　何鳥たり共　右のごとくせば鳥味噌といふ　然れ共鶏を第一とす　老人にすゝむるものは鶏につぐものはなし」とある。

法論味噌　　料理塩梅集

一　みそくりほどに　うすくしてやき申候
但こげ申所は　すて申候
一　くるみ　きざみて
一　干山枡　同断
右当分に合て　鍋にごまの油をぬり申て　能程にいり申候　此外　塩　ごま少　ちんぴ少　くわへ申候

【解説】法論味噌は焼味噌を日に干し、ごま、麻の実、くるみ、山椒などの香辛料を混ぜたもので、奈良興福寺の法師が法論の時に食べたものという。『本朝食鑑』には、「京師《きようと》の市上《まち》に法論味噌というものがあって、江都《えど》に伝送してくるが、これは南都〔奈良〕の諸寺がつくり出したものである。黒大豆を用いて造る。味は佳にして香があり　世間ではこれを賞している」とある。

鯨肉の料理

鯨肉調味方

赤身　皮の内に有レ肉也　色赤黒し　生にては　背美の赤身最よし

○薄く切　ぬるき湯をかけ　煮ものに　麩　松たけ　みつば　すましに　生のり　又は若和布　ばうふう

○二日ばかり味噌に漬たるを焼て　薄く切て用ふ

○薄く切　酒ぬた　又は醤油付　鋤焼《スキヤキ》にしてよし

○厚く切　塩焼したるを　又薄く切て用ふ

○うすく切て湯をとほし　生醤油　三杯酢にてよし

○煎焼《なべやき》　また味噌煮によし

○野菜加へ　酢ぬたあへよし

【解説】鯨の捕獲は古代から行われたらしいが、江戸時代になって燈火用燃料として鯨油の需要が増して、捕鯨が盛んになった。鯨は油のほか、肉は食用、骨は粉にして肥料とした。

鋤焼　唐すきを火にかけよく焼けた時、油でふき作り身をのせて焼く（『素人庖丁』）

『料理物語』には、汁、さしみ、吸物、あへ物、粕漬などの鯨料理があり、『料理献立集』には、汁、田舎雑汁、肴、魚鳥あへまぜの条に鯨料理がある。鯨が獣類に分類されたのは明治以後で、それまでは勇魚《いさな》として魚類として扱われたので、獣肉を穢とした時代にも食用とし、調理法も多様であった。

原文は、赤身の調理法の部分であるが、煮物、すまし、味噌漬、鋤《すき》焼、塩焼、茄肉の三杯酢、なべ焼、味噌煮、ぬたあえなど種類が多い。図にあるように『素人庖丁』では、魚肉の作り身を、油をひいた唐鋤の上で焼くものを鋤焼としている。『料理早指南』にも「鳫鴨、かもしかのるいつくり　たまりにつけおき　古くつかひたるからすきを火の上に置　柚のわをあと先におきて　鋤の上右の鳥

鯨を引寄せる図（『日本山海名物図会』）

るいをやく也」とあり、鍋物ではなく、現在の鉄板焼である。

六

卵料理

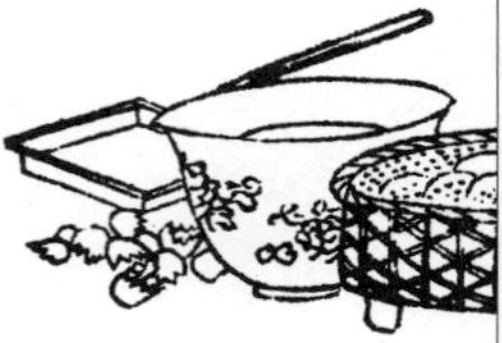

わが国で鶏卵の食用が記録として見られるのは江戸時代からである。中国での鶏卵の食用は古代から知られているが、日本では仏教の殺生戒による禁忌もあり、また鶏はおもに闘鶏を目的として飼われており、産卵は少なかったと考えられる。

第五章で述べたように、鳥類は江戸時代前半は野鳥がおもに用いられたが、鶏卵は他の鳥の卵にくらべて味がよいので江戸後期には採卵を目的として鶏が飼育され、幕末には養鶏場もあったらしい。

この頃から卵といえば普通鶏卵をさしていた。天明五（一七八五）年春には、『玉子百珍』とも呼ばれる『萬宝料理秘密箱』が刊行され、卵料理はさらに食生活の中に広まった。この本には一〇三種の卵料理が記載され、続いて同年秋に刊行された『萬宝料理献立集』

には、酒の肴、吸物などまで卵一色で組み立てた献立の例が列記してある。

文化八（一八一一）年頃、ロシア人ゴローニンが北海道の獄中で書いた『日本幽囚記』に、日本人は鶏と家鴨を家禽として食用にし、鶏卵を好み、硬く茹でて丸のままかじるとある。

また、『守貞謾稿』にも茹卵売が「たまご　たまごと云　必ず二声のみ　一声もまた三声も云ず」とあり、幕末には卵が庶民の食物として普及していたことがわかる。

昔も今も食品の中で卵ほど調理上の使いみちの多いものはない。加熱すると凝固する性質、卵白の泡立つ性質、卵黄に脂肪を乳化する力のあることなどを利用して、いろいろの調理に用いられている。

江戸時代の卵の調理も、凝固性を利用したものが多く、後に記す卵ふわふわ、卵ふの焼、牡丹卵、うけ卵、さらさ卵などのほか、数多くの種類がある。卵白の起泡性を利用したものにはあわ雪卵、あわ雪はんぺん、また、おのころ島と名付けられたものもある。卵黄の乳化力を利用したものは少なく、強いてあげれば、胡麻をすって卵と合わせる利休卵であろうか。

文明の進歩は数本の竹串や茶せんで行われていた卵白の泡立てを、泡立器やハンドミキサーに替え、ゆで卵専用の電気器具まで出現させたが、卵料理そのものは昔にくらべて豊かになっているのだろうか。

『玉子百珍』に見られる多くの卵料理には、珍奇なものもあるけれども、手作りの卵料理を通して食生活を楽しむゆとりも感じさせる。

うけ玉子　傳演味玄集

うちは玉子とも云　小串をさしたるは　うちは玉子と云てよろしかるべし
塩焼青くしか杉くしか　にもの取合　敷味噌物同断　葛溜り同断　台引
銅酌子の柄を布などにて巻　玉子をわりて右酌子に請《ウケ》　真中に黄味のすわるやうにして湯を煮立　酌子のうらを湯に漬け　内へゆのいらぬやうに持て　かたまりたる時　篦《ヘラ》を持て放し取也

【解説】『料理物語』には、「みのに」として「玉子をあけ　しやくしにうけ　くだけぬをにえ湯へ入候　是も妻色々汁同前」とある。これは現在の落し卵であるが、原文は湯の中に落さずに玉杓子に入れたまま湯煎にする方法である。原文の通りにしてみたが、現在の家庭用玉杓子は、昔のものより大分浅いようで、沸騰した湯は中へ入りやすい。それでも最初の五分間程の加熱で周囲の卵白は白く凝固し、その後湯が入っても散ることはない。殻はないけれども全熟には約一二分かかった。卵白が散らないので、綺麗に丸く出来上り、うちわともいえる。ただし出来上って取り出したあと玉杓子に付着した凝固卵白は取りにくい。

牡丹卵《ぼたんたまご》の仕方《しかた》

萬宝料理秘密箱

一 是《これ》は鍋《なべ》に　湯《ゆ》を煎《わか》しをき　新しきたまごを　半紙《はんし》二《に》枚《まい》かさねて　この中《なか》へわりこみ是も乱《みたれ》ぬやうにして　一ツづゝ紙に包《つゝ》みて　此中《このなか》へ黒胡《くろこ》麻《ま》をすこし入れ　かみの口《くち》をねじてよりにて括《くゝ》りて　右の湯《ゆ》の中《なか》へいれ　ゆでよくゆがきて水へ入れ　右のかみを取《とり》はなし　酒《さけ》だしをこしらへ　右のたまごを入れ　鍋《なべ》のふたをとり焚《たく》べし　扨小《さてこ》皿《さら》か茶わんかに入れ　白砂《しろさ》糖《とう》かけて出《いた》す　但《たゝ》し又茶わんにいれ薄葛《うすくす》をかけ　上に青海《あおの》苔《り》の粉をかけいだすもよし　又小《こ》皿《さら》に入れて生《き》醬油《しやうゆ》をかけ　上《うえ》に浅草のりのこかけるもよし　長崎《なかさき》にては　是《これ》に白酒《しろさけ》をかけ遣《つか》ふなり

【解説】卵の殻をわってゆでたものは落し卵で『料理物語』にも「みのに」の名であるが、

これは紙に包んでゆでるものであり、茶巾《ちゃきん》卵とも呼ばれる。落し卵は卵白がひろがりやすく、形を整えるのがむずかしいが、紙で包むとひだのとり方で牡丹の花のような形になり、卵黄が黄色くすけてみえて美しい。紙は和紙を用いるとよく、セロハン紙でもよい。食品包装用ラップフィルムも使ってみたが吸水性がないので、ゆでてからはがしにくい。出来上がってから白砂糖をかけるのは、現代人の口には合わない。薄葛か、または簡単に醤油と浅草のりの粉がよい。

なお『料理早指南』には同じ牡丹卵の名で次のような記載がある。「牡丹たまごは　ごまの油よく煮たて此内へ玉子割てうち明てあげる　き〔黄〕の中にあり白み油にちりてぼたんのごとし」

卵鱲和《たまごろうあへ》の仕《し》方《かた》　萬宝料理秘密箱

一　鰆《さわら》の子　但《たゞ》し鱲子《からすみ》のことなり　是を薄皮《うすかわ》を干物《かんぶつ》にして　扨《さて》わさび・おろしにて小口《こくち》おろしにすれば　こま〳〵になるべし　是を丼《どんぶり》にいれをき　扨《さて》ずいぶん〳〵小《せう》のたまごを　煎《に》貫《ぬき》にしてあつき内に殼《かわ》をとり　しる飴《あめ》に白ざとうと酒《さけ》とをすこし入るもよし　右のたまごを入れ　かきまわして　右からすみの中へ入れ　まぶして　小皿《こさら》にて出《いだ》す　一段《いちだん》とよし

【解説】からすみといえば、ぼらの卵巣を塩漬にして乾燥したものであるが、さわらの卵巣を使うものもある。『料理網目調味抄』には、「野本と云上品なり　ぼらの子也　うすくへぐべし　常のはさわらの子也　酒浸　肴」とある。『料理集』（一七三三）には「野母浦《ノモウラ》にはぼらの子　常のからすみにはさわらの子」とあり、昔からぼらのからすみは高級品であった。この料理は茹卵のまわりに、すりおろしたからすみをまぶすもので、卵は鶉卵を用いるとよい。また、白さとうと酒を入れたしる飴のかわりには、みりんを用いるとよい。見た目も美しく、茹卵の味にからすみがうま味を添えておいしい。

更紗《さらさ》玉子《たまご》

料理早指南

甑《こしき》〔蒸器〕のうちへ薄《うす》いたにて　四寸四方にしてわくをこしらへ　但しあつさはよきほどにすべし　そのわくのそこへ　あつきかみを張り（但しのりしろの所いとにてゆわへねばかみはなれる物也）　玉子よきほど打わり　白も黄もひとつにかきまぜ岩たけを入て　右のわくへながしてむし上げ・小口切也

足でおさえて、すり鉢を使う（『素人庖丁』）

【解説】『料理早指南』の図をみると岩たけ入りの卵豆腐である。現在は流し箱があって簡単に出来るが、薄板でわくを作って底に紙をはるなど、準備に随分手間がかかっている。また、卵はとくだけでだしを加えていないのでかたいものになる。岩たけは高山の岩壁につく地衣類であるが入手しにくいので、木耳《きくらげ》を代用してもよい。

利休卵《りきゅう》　萬宝料理秘密箱

是は　白胡麻《しろごま》一合を　油をとりよくすりて
さて古酒五才《さい》ほどいれよくすり　此中へ卵を
十ヲわりこみよく〱とき合せ　是も箱か鉢
かに入れて蒸べし　遣《つか》ひやうは前に同じ

【解説】利休は安土桃山時代の茶人、千宗易のことで、利休の名のつく料理は利休煮、利休和などいろいろある。これらは利休が考えたものではなく、後世の人が胡麻を使った料理を利休好みであろうと名づけたものという。

利休卵も胡麻を使った卵料理である。同様に胡桃《くるみ》を使った胡桃卵も同じ本に記載されている。原文中古酒五才の才は尺貫法の容積の単位で勺の一〇分一で一・八ミリリットルのことである。調味については記載がないので好みにする。

麩の焼玉子　　傳演味玄集

水仙鍋のごとく拵　上ぶた共に銅にて　かすてら鍋と同様の物也　是にて焼也　其仕様は玉子をわり　かき合せ少づつ入て焼なり　こげぬやうにすべし　鍋はたへ少しあぶらを引也　右の鍋無候は　からかね鍋　銅鍋にても出来なり

【解説】麩の焼は、小麦粉の水とき、又は麩（グルテン）に小麦粉をまぜたものを、薄くのばして焼いた菓子の一種で、卵で同様の薄焼を作るところから、麩の焼卵という。『江戸料理集』には、せんべい玉子の名でふのやきがある。現在の薄焼卵と同じもので、細く

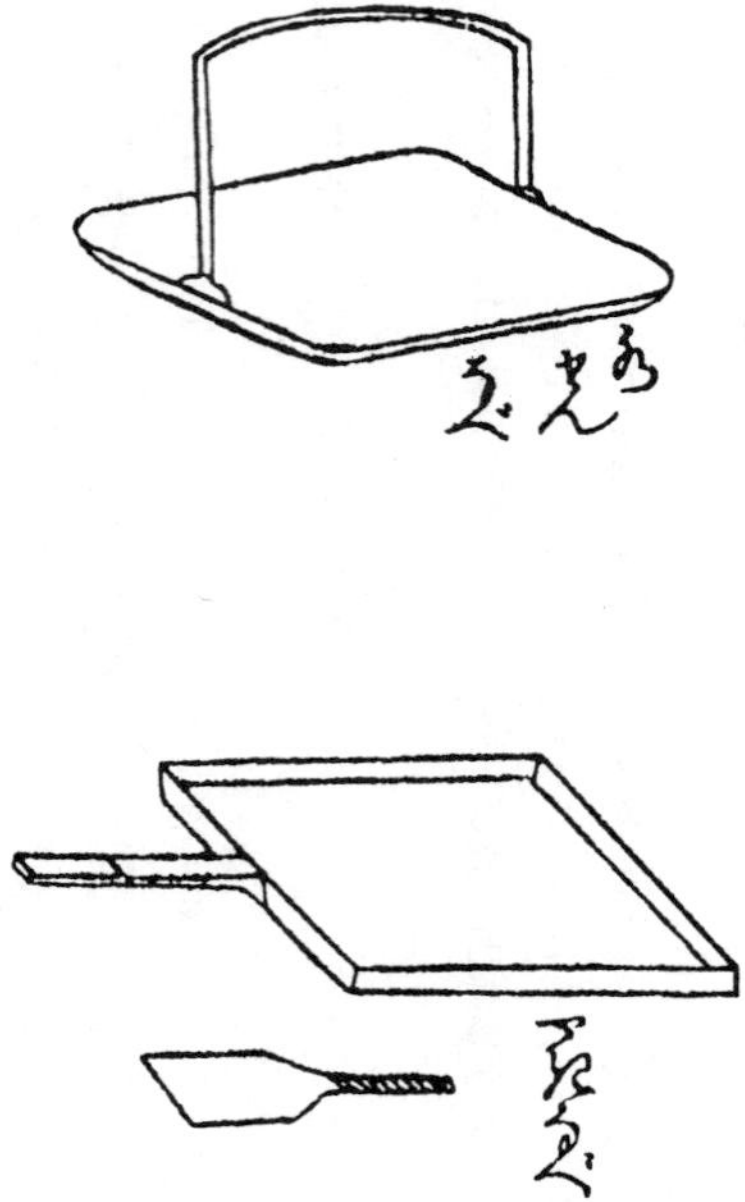

水せんなべ（上）とやきなべ（下）　水仙なべはでん粉の水ときを薄く流し入れ、熱湯の中へ入れ糊化させ、水せんを作る。やきなべは卵の薄焼きを作る（『料理早指南』）

切ったものは金糸卵である。金糸卵はさしみの取合によいと『料理伝』にある。

なお、水仙鍋は前頁の図のように四角い平たい銅製のなべで、葛粉を水でといてこのなべに入れ、にへ湯につけて糊化させ、水にとって冷やし、細く切って水せん（現在の葛切りのようなもの）を作る。

ふわ〳〵卵子　傳演味玄集

たまごをよくとき　だしにてのべ　塩加減して炭火にて煮立るなり　二度塩を入事ならぬゆへ　初めに能積りて加減すべし　初より酒を入る丶こと有　醤油塩梅はおもく　もたれてあしきなり　よろしく塩梅は塩にてすべし　たまごのつぶしたる壱合に　だし弐合入ればかたく出来るなり　やわらかに下地溜るやうにとならば　三倍も其余も入べし　吸口は前に同じ

【解説】卵ふわふわと呼ぶ方が普通である。江戸時代初期からの料理書に見られるが、記載がいろいろで、はっきりした姿がよくわかっていない。『料理物語』には、玉子ふわふわとして「たま子をあけて　玉子のかさ三分一だしたまりいりざけをいれ　よくふかせて

出し候　かたく候へばあしく候　いなのうす　鳥のもゝげなどいれ候へば　野ぶすまともいふ」とある。ふかせてというのは『料理物語』では、ふくら煮や松茸の項にも使われている言葉で、蒸すことではなく沸騰させることのようである。『傳演味玄集』は煮立てるとしてあり、『合類日用料理抄』では鍋にこげつくので酒を入れてはいけないとあり、たしかに蒸すのではなく煮るものである。『料理網目調味抄』には浮々煮《ふわふわに》とあり「一書に云むかしの浮々烹《フワフワニ》は土器《かわらけ》に下地を入かへらかして　あかゞいをうすく作り打入て　にゑばなをそのまま重ね土器をしてまいらす」とある。

また、卵に加えるだしの量を考えてみると、現在の調理では、卵の三分の一は厚焼き卵で、卵と同量は型から抜くかたい卵豆腐　二倍は柔らかい卵豆腐　三倍は茶わん蒸である。

なべを用いて卵液を弱火で加熱すると、すのたった出来のわるい卵豆腐状のものが出来、途中でかきまぜるといり卵になり、何回かの試行錯誤を経てようやく卵ふわふわの名にふさわしいものが出来た。それは『料理網目調味抄』の土器《かわらけ》にヒントを得て、厚手の陶製の蓋つきココットを用い、三分の一のだしを加えた卵液を中火で加熱する方法で、一〇分くらいでふわふわとふくれて凝固した。だしを卵の二倍加えたものは、もっと柔らかくふくれて浮々煮の名が納得できた。卵ふわふわは西洋料理のスフレー（ふくらせた料理）に相当するものといえよう。

なお玉子貝焼についての『江戸料理集』の記述をみると、なべの代りに貝を用い、具を入れて、卵ふわふわと同様の卵液を加え蓋をして焼き、一めんにふっくりとふくれた時にやきたてを出すとあり、卵ふわふわの応用である。

卵ふわふわを直火で加熱せず、蒸器に入れて蒸すようになって、茶碗蒸に発展する。

沫雪《あわゆき》卵の仕方

萬宝料理秘密箱

卵《たまご》の白味《しろみ》を　半紙《はんし》の中へ入れよくしぼりこして　ふかき鉢《はち》に入れ　細《ほそ》き竹串《たけくし》　六七本にてせわしくかきたて〱ば右白味《しろみ》大分《だいぶん》になり沫立《あわたち》しを薄《うす》き板《いた》に　厚さ三分ほどにのせてこしきに入れむし　すぐに出《いだ》すべし　又むすぶには　水の中へ入れ　ほそく長く切て　水の中にてむすび　遣ひ方は　吸《すい》ものぢか入れにすべし

【解説】泡立てた卵白は現在もいろいろの料理に使われている。この沫雪卵は板に薄くのばして蒸し、凝固させてから好みの形に切り、吸物の椀種に用いている。原文のように半紙に卵白を入れて漉すことは困難だが、卵白をボールに入れ泡立て器で泡立ててから原文通りにすればよい。泡立てすぎないことと、凝固するまでよく蒸すことが要点である。

あわ雪

傳演味玄集

しら玉と云時は　大形にて壱つ盛吸物に限也　あわ雪と云時は　はつとちらしたる也　淡雪は二の汁の取合せ　又いり物等に取合す也　吸物の時ちらと吸口あるべし　或はいとな　さきみつば・　さきわらび・　水引つるも　松菜　柚長せん抔也

玉子の白身斗《バカリ》を深き器に入て　茶せんにて随分よく雪のごとくなるまで・たてるなり　下地塩にて塩梅して煮立時火をおろし　右の茶せんにつけて箸をもてこきて取入る也　扠鍋のふたをして少し間おきもり出す也　是しら玉の仕様なり　あわ雪の時是は茶せんにて下地へそろ〳〵と入る也　火をおろすにも不レ及　是はいり物二汁抔《ナド》へ取合す也　尤《モットモ》別鍋なり　右玉子の白みにくずの粉・少し入る也口伝とす　いかにも少なり器物に酒気油気惣てうつり香あればあわたゝず心得・べし

【解説】実際にしてみると、しら玉とあわ雪の命名の妙が納得できる。卵白の泡立ては泡立器でしてもよいが、原文通り茶せんですると、泡立器ほどには泡立たないが泡が細かくなめらかに出来る。でん粉は卵白一個に大さじ一杯くらいが適量で、泡立てが終わってから加えてよく混ぜる。

しら玉は、吸物の汁を煮立たせてから火を止め、茶せんにつけた泡を箸でこきとって入れる。鍋の蓋をして暫くおくと汁が熱いので凝固してしら玉のようになる。

あわ雪の時は火を止めずに、茶せんに泡をつけて汁に入れると、あわ雪のように散って凝固する。

あわ雪半へん　歌仙の組糸

あわ雪半ぺんは　摺身へ玉子の白身計《バカリ》　沢山に入　酒塩少し　水出しにてゆるめすり合其上を茶筌にてたて　あわになり候時　銅杓子《かなしやくし》にてすくひ　直《ぢき》に煮て出す也

【解説】　同文のあわ雪はんぺんが『献立部類集』（一七七六）の吸物の部に、ふき、さんしょうめを取合せとしてある。また『早見献立帳』（一八三四）には汁の部にあり、わりふき、めうどを取り合せている。明治三十九（一九〇六）年の『料理大観』には、調味が「食塩と味醂と煮切りと煮出しを加へ」とかわっているだけで同様の泡雪はんぺん吸物が記載されている。一五〇年余、同じ作り方で料理書に記載されているあわ雪半ぺんも、作ってみるとなかなかむずかしい。卵白をたくさんに入れとあるけれども、あまり多いと泡雪卵に近くなり、また煮る時に散りやすい。卵白と擂身の量の割合をかえて、いろいろな口ざわりのあわ雪半ぺんを工夫するとおもしろい。卵白を泡立ててから擂身と合わせる方法も試みたが泡が立ちすぎていると煮る時に散りやすく、擂身へ卵白を合せてから泡立てた方がよい。吸物の椀種にして、ふき、みつば、木の芽などを取り合わせると、色どりも美しく風味もよい。

煮抜き玉子

料理早指南

料理問答　是《これ》は秘中の秘なり　みだりにすべからず

○問ていはく　煮ぬき玉子をするに　玉子のきみかた寄て月の輪になるなり　此黄身の真中になりたるを見たり　いかゞすればあのごとくなる事やらん

△答て曰《いわく》　黄身の片よりてあるは　玉子の生得《せうとく》〔生まれつき〕なれば苦しからず　されども手とり物に黄身を真中《まんなか》へ置んとなれば　ゆでる時　箸をもって手をやすめずに玉子をまはしてゆで上げれば　黄身真中にある物なり　又なべの中へうす板を入　その板に玉子ほどの穴をほり　ゆで湯その板にひた〳〵に付くほどにして　其穴へ玉子を入　はしにてま

卵の鑑別と思われる図　すかして見て明るい卵は新しい（『料理献立抄』）

わしながらゆでれば吉《よし》

【解説】煮抜き玉子は、かたゆで卵のことで、特に取り上げる必要のない調理法であるが、調理科学的内容がおもしろい。料理問答は『料理早指南』の第四編料理談合集の巻末にあるもので、問答形式で蒸物の方法、かすてら焼の方法などについて述べている。第四編が談合集とよばれるのは、料理問答があるためといわれている。

現在教科書で教えるゆで卵は、なべに卵を入れ、卵がかぶるくらいの水を入れて火にかけ、沸騰するまで卵をころがしながら加熱し、沸騰したら火を弱め、一〇～一二分沸騰を続けると書かれている。卵はころがさずにゆでると、卵黄と卵白の比重の違いから卵黄が上に浮き、ゆでてから輪切りにすると、卵黄がかたよっている。

『料理早指南』の刊行は一八〇四年であり、約二百年前であるが、卵の凝固温度や比重はわからなくても、現在の調理実験の結果と同じことを教えている。

また、原文の後半に、なべに卵ほどの穴をあけたうす板を入れ、湯はその板の辺まで入れ、穴へ卵を入れてまわしながらゆでればよいとある。前出の教科書にもあるように、湯は卵がかぶるだけ必要と考えていたが、原文の方法でしてみると、沸騰後一二分程で、出来のよいゆで卵を得た。絶えずまわしていれば、たしかに均一に加熱されるはずである。当時の人々は経験的に科学的であった。

現在は、たまごは卵と書くが、江戸時代の料理書には「玉子」と「卵」の両方が使われており、本書では原文通りに表記した。

七

豆腐料理

豆腐は古くから日本人に親しまれ、現在も食生活に欠かすことの出来ない食品である。とくに最近は大豆たん白の価値が見直され、その代表的食品である豆腐は、欧米でも賞味されるようになったという。

江戸時代にも豆腐は庶民の日常食品として、味噌とともに重要なたん白質の給源であった。

料理書では『料理物語』にも伊勢豆腐、とうふふわふわ、とうふ玉子などの豆腐料理が見られるが、天明二（一七八二）年の『豆腐百珍』と、続いて翌年刊行された『豆腐百珍続編』は、百珍物のさきがけとなった豆腐料理の専門書である。これらの料理書をみると、当時の豆腐料理は現在にくらべて実に多彩であり、中には奇をてらい実用的でないものもあるが、形は、奴《やっこ》、あられ、むすび、ふわふわ、すり流し、くだき、めん、渦まき、きんちゃくなど、加熱法は茹、煮、蒸、焼、揚などを組み合わせて、さまざまな豆腐料理が考案されている。当時流行した豆腐料理は湯豆腐と田楽《でんがく》だったらしいが、豆腐を串にさして焼く田楽が流行した理由の一つは当時の豆腐が現在のものより硬かったためのようである。現在の豆腐は木綿豆腐で水分が八八パーセントもあり、押して水気をとらないと、串にさして扱うことはできない。『豆腐百珍続編』の序文の中に、山奥には藁に通して持ち運ぶような硬い豆腐があると書かれており、土地によっては随分硬いものもあったらしい。『守貞謾稿』には豆腐について「今製京坂柔かにて色白く味美也　江戸剛くして色潔白ならず味劣れり　然も京坂に絹漉豆腐と云は　特に柔にて同價也　きぬこしに非るも持運には器中水を蓄へ浮べて振ざる様に携《タズサ》へざれば忽ち壊れ損ず　江戸は水なくても崩るゝこと稀也」とあり、京坂の豆腐は現在のものに近かったのであろうか。

　木綿豆腐は製造工程で木綿布をしきつめた型箱で水分を一部除き、舌ざわりも粗いので木綿豆腐とよぶ。絹ごしは絹の布で漉すわけではなく、豆乳をそのまま型箱の中で固めたもので、絹のようにきめが細かいところからこの名がある。豆腐の作り方は当時は機械力に頼らないだけで現在と同じなので省略する。なお、豆腐のしぼり滓のおからは雪花菜《きらず》と呼び、湯葉は豆腐の皮《うば》とよび、そのほか油揚、凍《こおり》豆腐、六条豆腐（豆腐を食塩で防腐しなが

田楽法師の踊る「高足の曲」の形が、左側の豆腐を串にさした形と似ているところから、串にさして焼いた豆腐を田楽という（『守貞謾稿』）

ら乾燥し、削って用いるもの）などの豆腐の加工品も用いられていた。

木の芽田楽　豆腐百珍

温湯《うんたう》を大盤《おほはんぎり》に湛へ　切るも串にさすも其湯の中にてする也　やはらかなる豆腐にても危《あやう》くおつるなどのうれへなし　湯よりひきあげすぐに火にかくる也　○味噌《みそ》に木の目勿論なり　醴《あまざけ》のかた入を二分どほりみそにすりまぜれば尤佳也　多く入れば甘すぎて却《かへつ》てよろしからず

【解説】 田楽は田楽焼の略称で、豆腐に串をさして味噌をつけて焼いた田楽豆腐が始まりで、こんにゃく、茄子、里芋なども材料とな

田楽の店（『豆腐百珍』）

り、魚を用いたものは魚田楽、略して魚田《ぎょでん》という。『守貞謾稿』（一八五三）には、田楽の名は豆腐を串に刺した形が、田楽法師が一本の竹馬に両足をのせて踊る姿と似ているからとある。

田楽法師は田植の時に田の神をまつる田楽を踊る法師のこと。同書には京坂と江戸の田楽の違いについて、京坂では股のある串を二本、江戸では股のない串を一本用いる。また京坂は白味噌、江戸は赤味噌を用い、ともに砂糖を加えて擂る。木の芽田楽は、京坂では山椒の芽を味噌に擂り入れ、江戸は擂り入れず上に置く。江戸では夏以後はからし粉を練って上に置くとしている。

引ずりとうふ　　豆腐百珍

よきほどにきり　葛湯《くづゆ》にて烹《に》て　あみ杓子《し》にてすくひ　器《うつわ》へよそひ　○山葵《わさび》みそを少《すこ》しかたくして　其うつわの蓋《ふた》にぬりつけて出すなり　もししらぬ人は　ふたをとりて豆腐ばかりなりと思《おも》ふなり　手とりの一興《けう》なるべし　さてふたをかへし　とうふをみそに引ずり食《しよく》する也　味曽の稠稀《こきうすき》の和調《かげん》だいじなり　○山葵《わさび》みそは八十二茶《ちや》とうふの下《ところ》に見《み》へたり

【解説】こんにゃくで同様にするものが『蒟蒻百珍』にある。「中平《ひら》めにつくりゆで・湯をよく〱しぼり　わさび味噌かためにて　ふた茶わんなどよく　三つばかり盛　ふたの内へ味噌を貼出《つけいだ》す　一寸《ちよつと》手をとるものなり」

湯豆腐にわさびみそをつけるだけの料理であるが、蓋つき茶わんの蓋を返して、はじめてわさびみその存在に気づく意外性を楽しむという、何とも素朴な発想である。

わさびみそは「山葵味噌の製は　みそに油麻《しろごま》　胡桃《くるみ》よくすり合せをき　用るとき擦《おろし》山葵入るゝ也」とある。

肉餻《かまぼこ》とうふ　豆腐百珍続編

胡桃《くるみ》をむき　しばらく湯《ゆ》に浸《つけ》をき　しぶ皮《かわ》をさり　よくすりつぶし　豆腐よく水をしぼり　七分腐三分胡にまぜすり合せ　杉板《すぎいた》に肉餻《かまぼこ》の如《ごと》くつけ　よく蒸《むし》てすこし炙《やく》なり　よきほどにきりて羹《にもの》のさしこみに用ゆ　○下物《さかな》に用るときは　初《はじめ》より豆油酒《しやうゆさか》しほにて味《あぢ》つくるなり

△右の如くよくすり合せ前編十九ヒリヤウヅの加料《かやく》みあはせに入れよきほどにとりて麦塵《うどんこ》の纏《ころもか》け、油にて煠《あぐ》るを胡桃《くるみ》ヒリヤウヅといふ

【解説】江戸時代の料理には、くるみを用いたものが多く見られる。『萬宝料理秘密箱』には、くるみと卵をすり合せて蒸す胡桃卵があるが、同様の手法でくるみと豆腐をすり合わせて蒸したのが肉餻とうふである。くるみと豆腐は相性がよいのか、胡桃卵よりも風味がよい。くるみは渋皮をむいて使うが『料理早指南』には、くるみのあま皮をむく方法として「あつき湯にとう〔投〕じ　やうじ〔楊子〕のさきにて　しめりたるふきんにてしづかにふくべし　かや　かちぐりのしぶもこれに同じ」とあり、現在の方法とかわらない。

芝蘭菽乳《しらんとうふ》　豆腐百珍続編

油麻《しろごま》をよくすり　白未曾《みそ》を入れまたよくすり　葱《ひともじ》を青白《あをみしろみ》ともにいかにも細かにみぢんに刻《きざ》み　なをよく〳〵すり合せ　上々の古酒にて和《とき》ゆるめ煮る也　未曾七分に葱三分のつもりにすべし　さて豆腐よきほどにきり　烹調《にかげん》よくして　しき未曾にし　擦蘿蔔《おろしだいこん》をく　○未曾かけ又しき未曾の類最多しといへども　今葱を未曾にすり合す　此調製の一趣向なり

【解説】 芝蘭とは霊芝《れいし》と蘭のことで、転じてかおりのよい草、またすぐれたものにたとえるという。芝蘭の友とはよい感化をもたらす友人のことであると、辞書を調べていて知った。霊芝は万年茸、芝《さいわいたけ》、不死草、福草ともよび、仙薬として用いられるめでたい菌類。

白味噌を用いた方が、葱の青みは引き立つが、好みによっては赤味噌もよい。

今出川とうふのに物　料理塩梅集

上酒一盃　能水二盃　昆布を大形に細く切敷　焼味噌を蜜柑一つ程袋に入　にだして袋

を取上る　とうふは狐色に焼　常のでんがくよりも二くらゐ大に切　右の汁に立て　又とうふもやき立を其まま入　成程〳〵久敷になる也　加減は塩斗《バカリ》にてする　だしは少も不レ入也　魚類の時はかつほ下に敷よし

今出川どうふ　　料理早指南

今出川どうふ　つねのやきどうふを　酒と水としやうゆすこしくわへて　に汁たくさんにしてにて　あみじやくしにてうつわへうつし　ごまみそ和らかくのべてかけて出す也　とうふのにしるは　いかにもうすじやうゆよし

【解説】 今出川豆腐は数種の料理書にその名が見られる。そのうち作り方の記載は『料理塩梅集』が私の知るところでは最も古いようである。つづいて『傳演味玄集』『豆腐百珍』『料理早指南』にも作り方が記されている。『傳演味玄集』には料理名の由来も書かれており、昔、京都今出川に住む菊亭前大納言が関東下向の折、この豆腐の味を好み、その名をたずねて、ただとうふの煮物ときき、名のないのを惜しんで今出川豆腐と名付けられたという。『傳演味玄集』では酒のみで煮て醬油で味をつけ、上置にわさびを用いる点が『料理塩梅集』とは違っている。約八〇年たって味噌のほか醬油が用いられるようになったためであろう。『豆腐百珍』では、「昆布をしき鰹脯《かつほ》のだし汁と酒しほとにて烹《に》ぬく也　中ほどより醬油さし烹調《かげん》し　かくし葛をひき碗《わん》へよそひて胡桃《くるみ》の砕きをふる也」としている。さらに約二〇年後の『料理早指南』では、ごまみそをかけている。

霰《あられ》豆腐　　豆腐百珍

よく水をおししぼり　小骰《さい》に切り　笊籬《ゐかき》〔ざる〕にてふりまはし角とりて　油にてさつと煠《あげ》る也　調味好みしだひ　○少し大きなるを松露とうふといふ

【解説】あられ豆腐の名はいろいろの料理書で見られ　小さいさいの目切りのものと、原文のようにさいの目の角をとって丸くしたものと二通りある。『精進献立集』では、すい物に用い、なすに取り合わせてあられ豆腐があり、「とうふいかにもこまかにさい切　あとよりばらりと入」としている。

豆腐のさいの目切りを、ざるに入れてふりまわして丸くするというのは、くずれてしまいそうで、とても出来ないと予想していたが、実際にやってみると、実に簡単に出来る。

押豆腐は豆腐を布に包み軽い重石をかけておく（『料理献立抄』）

豆腐は四角という通念があるのに、なぜ丸くするかについては議論の余地がありそうだが、食卓に楽しさを添えることはたしかである。また、丸い霰豆腐も揚げたり、煮たりいろいろに使われている。

　なお豆腐の水をおししぼる方法については、同じ『豆腐百珍』のおし豆腐の項に、「布に包み、板を斜にして並べ、のせつぶれぬほどの圧石《おもし》をかけ　よく水気をしぼり……」とあって、現在の方法と同じである。ざるは金網製の小さいものを二つ用い、一度にさいの目豆腐を一五個くらい入れて、一方を伏せて蓋にし、豆腐がころがるように振りまわすと、三、四分で丸くなる。油で揚げる時は、かなり色づくまでよく揚げないと、取り上げた途端にしぼんでしまうので注意する。出来上がったものは塩をふっておつまみに、また小鉢に盛り大根おろしをのせしょうゆをかけてもおいしい。

鰻鱺様《うなぎとうふ》　　豆腐百珍続編

浅草紫菜《あさくさのり》を板《いた》にのべしき　上《うゑ》へすり豆腐に麦塵《うどんのこ》少しすりまぜたるを　厚《あつ》さ三分〔約一センチ〕ほどにのべ　はゞ二寸五六分〔約八センチ〕にきり　香油《ごまのあぶら》にてさつと煠《あ》げ　串《くし》にさし　秦椒豆油《さんしやうしやうゆ》のつけ炙《やき》にするなり　凡《す》べて浄饌《しやうじん》の物を肉物《にくぶつ》の形容《かたち》にしなすこと　世間《せけん》往々《わうくく》に用《もち》ゆ　畢竟《ひつきやう》鄙《つたなき》しわざといふべし　しかれども　前編此編《せんへんこのへん》とも　味《あぢは》ひ頗《すこぶ》る佳《か》なるもの二三をあけて　百珍《ちん》のかずに備《そな》ふ

【解説】同じものが、みなと田楽の名で『豆華集』にある。「豆ふよく水を去　能こし海苔一面に薄く付け切て　油にて揚る也　但し此上さんせう醬油にて焼也　又岩茸に付も同じ」。また『料理通』には湊田楽《みなとでんがく》として「豆腐を摺鉢にてよくくすり　毛すいのふにて裏ごしになし　品川海苔にほどよくのべ　三椒《さんしよう》醬油にて付焼《つけやき》にするなり　蒲焼にてもよし」とある。

同じものでも名が違ったり、同じ名でも調理法が少し違っていたりする料理の特性がよくわかる例である。

包豆腐　料理通

包豆腐は　とうふを袷布巾《あはせふきん》にて包《つゝ》み水《みず》を切《きり》　能摺《よくすり》てすいのうにてこし　塩小々入《しほせうせうい》れ　まな板《いた》の上《うへ》にてのばし　旨《うま》きねり味噌《みそ》をまぜて　美濃紙《みのかみ》に包《つゝ》み　むして紙をとり　胡麻《ごま》の油《あぶら》にてざっと揚《あげ》てさまして　薄《うす》したじにて煮《に》るなり

【解説】同じ包豆腐の名で『料理調菜四季献立集』には「とうふの水気をもめん切れにて能《よく》しぼり　小麦粉少し庖丁にてねりまぜ　美濃紙を三寸四方ほどづつに切置　右の紙にとうふを厚さ壱分程にのべてむし　水の中にて紙を取り　漬《つけ》しそ　白ざとう　わさび三品《みしな》をたゝきまぜ　右とうふに包　四方より折て又むし　器へ入れて葛あんかける也」とある。これはまだ試作してみないが雅趣のある味が想像される。

また『新撰会席しっぽく趣向帳』には、「包豆腐は四角に切　眞中を匙にてゐぐり　摺胡麻　くるみ味噌少しねりまぜ豆腐の中へ入　また豆腐にて蓋をし丸く取　紙に包てゆで上げあつきを出すべし」とあり、これは上にかける味噌を中に入れて意外性をねらったものである。

原文の包豆腐は、豆腐にねり味噌をまぜて紙に包んで蒸して茶巾しぼりの形にし、油で揚げ、さらに煮たものである。ねり味噌を柚子味噌とか、木の芽味噌とか季節にあったものにすると、味噌の淡い色合いと合ってなかなかの滋味がある。

ヒリヤウヅ　　豆腐百珍

豆腐水をしぼりよくすり　葛の粉つなぎに入れ　加料《かやく》に皮牛旁の針　銀杏　木耳　麻子《をのみ》又小骰《こさい》ものにはやき栗子《くり》か慈姑《くわい》か一品入るべし　○加料《かやく》を油にて炒つけ　麻子は後に入れとうふに包み大小宜《よろし》きに随ひ　又油にて煠《あぐる》也　又麪粉《うどんのこ》ころもにかくる尤よし　○ゐり酒におろし山葵《わさび》　或は白醋《しらす》に山葵の針をくか　又は田楽にして青味噌に罌粟《けし》をふる　○ヒレウヅ一名豆腐巻ともいふ　▲白醋は罌粟をゐりてよくすり　豆腐を少しすり入れ醋を入る也　甘きを好むときは　太白《たいはく》の沙糖《さとう》を入るべし　又豆腐のかわりに葛粉を入るゝもよし

▲青みそは　みそをよくすり　青粉をすり混る也

【解説】飛龍頭または飛龍子と書き、語源はポルトガル語である。現在関東のがんもどきが関西ではひりょうずと呼ばれており、豆腐をくずした中に、細く切った人参、ごぼうや麻の実などを入れて形を整え油であげたものである。

原文のものは野菜類をまぜ込まず、豆腐で包んであげる形になっている。『合類日用料理抄』には粳米粉七合と糯米粉三合を合わせて湯でこね、卵黄七つほど加えてすり鉢ですり、大さじですくって油に入れて揚げる。これを氷砂糖を煮とかした液に浸しておくという作り方のひりょうずがあり、これは菓子の一種といえる。

日本に伝来した当時は、米粉を湯でねり卵を加えて糊状にしたものを少量ずつ油で揚げ、砂糖蜜をかけた菓子であったらしい。それが次第に豆腐を主材料にしたものに変化したようで、江戸時代の料理書には両方が見られる。

湯やつこ　豆腐百珍

八九分〔約三センチ〕の大骰《おほさい》に切か　又は拍子《ひやうし》木豆腐とて　五七分〔約一・五〜二センチ〕の方《かく》　長《なが》さ壱寸二三分〔約三・五センチ〕の大きさに切をき　○葛湯《くづゆ》を至極《しごく》ゆだまのたつほど沸《にゑ》たゝし　豆腐を壱人分入《まゑ》れ　蓋《ふた》をせず見《み》てゐて少《すこし》うごきいでゝ　まさにうきあ

がらんとするところをすくひあげもる也　既《すで》にうきあがれば　はや烹調《かげん》よろしからず　其あんばい端的《たんてき》にあり　尤器《うつわ》をあたゝめおくべし　○生《き》醤油を沸《にた》し花がつほをうちこみ　湯を少《すこ》しばかりさし又一へん沸《にた》し　絹《きぬ》ごしにして別猪口《べつちよく》に入れ　葱白《しろね》のざく〳〵　おろし蘿《だい》蔔《こん》　辣茄《とうがらし》の末《こ》入る　○京都《きやうと》にて是をたゞ湯《ゆ》とうふといふ　浪華《おほさか》にて湯やつこといふ　菽乳《とうふ》の調和《てうみ》において　最《もつとも》第《だい》一品《ひん》たるべし　○古法は泔水《しろみづ》〔米のとぎ水〕にて烹《に》るとあれども葛湯にはしかず・

〔解説〕現在の湯豆腐と同じで珍しいものではないが、加熱するのに葛湯を用い、浮き上がろうとするところをすくい上げなければならないなど、おいしく食べるための注意が細かく行き届いている。

豆腐の調理法は数多くあるけれども、原文にあるように、湯豆腐が最高の調理法のように思われる。

『守貞謾稿』には奴《やつこ》豆腐の大きさが図示されており、湯奴に対して冷《ひや》のまま食すのを冷奴といい、湯奴には鰹節のたまりをかけ、冷奴には生醤油も使う。両方とも必ずおろし大根を加え、青とうからし、海苔、わさび、陳皮の類も加えるとある。奴という名は、奴の着物の紋の形がさいの形であったので、大きいさいの目切りの豆腐を奴豆腐と呼んだという。

八

野菜料理

野菜のうち、大根といも類はよく使われて料理の種類も多いので別に章を設け、その他の野菜をこの章にまとめた。

野菜はビタミンや無機質の重要な給源であり、また最近は食物繊維の給源としての効用も再認識されている。現在の野菜料理としては、生で食べるサラダ類が多いが、ごぼう、たけのこ、蓮根、茄子など古くからある野菜の料理も、見直すべきであろう。

江戸時代に用いられた野菜の種類については、第一章の料理の材料の中に『年中番菜録』に見られる野菜を列記してあるが、大根といも類について多く用いられたのは瓜類である。真桑瓜、越瓜《しろうり》、胡瓜などは、水菓子、副食、漬物などとして広く用いられた。当時の農民の食生活は貧しく、また、たびたびの飢饉があったので、野菜の中でも空腹をみた

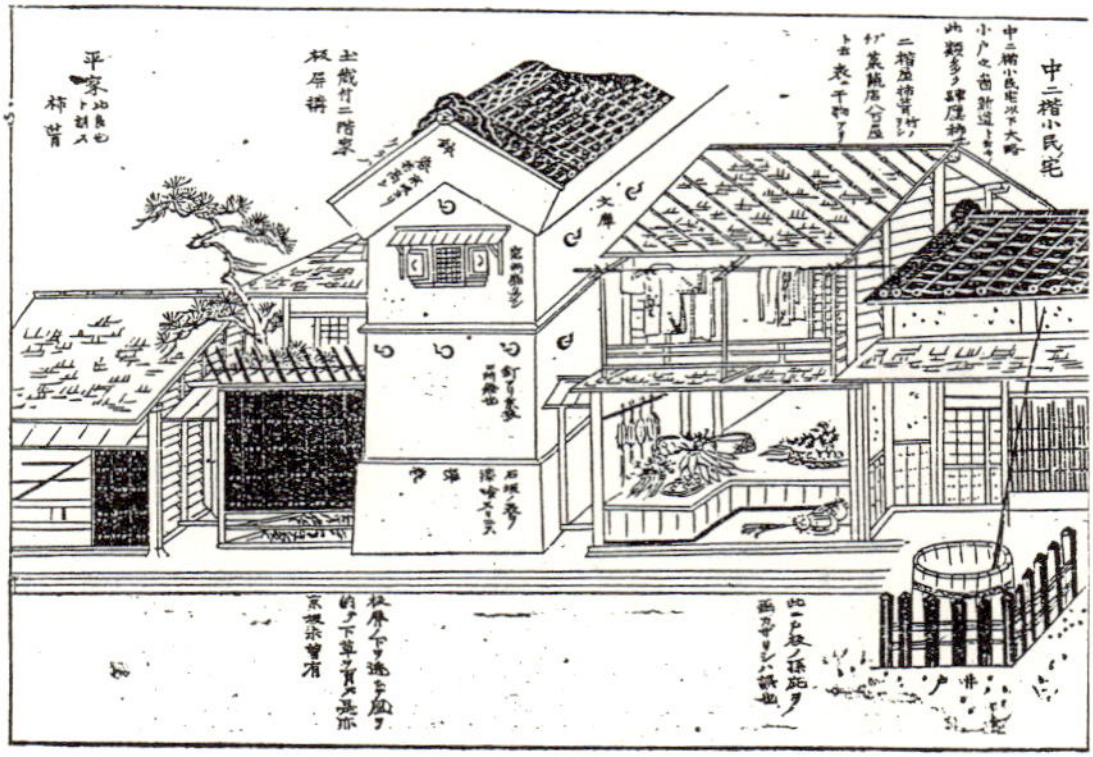

八百屋のある町並（『守貞謾稿』）

すことのできる根菜類や果菜類の栽培が重視されて、葉菜類を作る余裕がなく、現在いうところの山菜がそれにかわるものであった。『料理物語』の青物之部には、「たんぽぽ、よもぎ、くさぎ、はこべ、なづな、つくし、わらび、すべりひゆ、あかざ、あざみ、うこぎ、たらの若め」などがある。また「牡丹、芍薬、口なし、萱草《くわんぞう》、菊、のうぜん、忍冬《にんどう》、すまふ取」などの花も青物としてあげられている。料理書を調べてみても、葉菜類は青味として添えられることはあっても、料理の主材料としてはなかなか見当たらない。

根菜類の中で大根についでよく用いられたものは、人参とごぼうであり、人参は当時は葉も食用とされた。

春の雪　　　黒白精味集

酢うど也　うどをせんに打ち　水へ入れはぜさせて　平き鉢に青酢をため　右のうどを水気をしたみ　山のごとく置き出す

【解説】 みどり色の青酢の上に、こんもりと盛った白いうどの取り合せは、早春の萌え出たみどりの上に積もった雪の景色を連想させ、「春の雪」の料理名がふさわしい。青酢は青寄せを酢でのばしたもので、青寄せは江戸時代には寄せ菜とも、またからしの葉を使うところから寄せからしとも呼ばれた。現在はほうれん草が用いられる。

『小倉山飲食集』の青酢の作り方は「からしの葉よく摺りて水を入れすり立て　すいのふにてこし　その汁をなべに入れ火にかけ候へば青身寄中候　これを取り候て又すり鉢にて摺り　酢塩入れかげんして皿に溜也　寄菜というも此事也」とある。

茄子鴫焼《しぎやき》　　　料理秘伝記

鴫焼は茄子皮共に輪切にして　油にて揚焼かわかし　唐辛子みそ付よし　又醤油もよし
又皮を去　油を少羽根にてぬり焼て吉

【解説】茄子のしぎ焼は現在も行われて、茄子を油焼きして練りみそをつけたもののことである。江戸時代以前、室町時代の『武家調味故実』（一五三五）には、しぎつぼの事として「つけなすびの中をくりて　しぎの身をつくりて可レ入　身をば大略のこすべからず可レ入なり　かきのはをふたにしてからぐる事あり　わらのすべにてからぐる也　いしなべに酒を入て煎べし　折びつにみゝかはらけにいためじほ置て可レ献　雪の朝まいる物なり　御前にてこの折びつを火にたきて　あたゝめてまいらすべし　みゝさらにいためじほ置て　折びつの中の前に置てまいらすべし」とある。『庖丁聞書』（推定一五四〇〜一六一〇）には「鴫壺焼と云は　生茄子の上に枝にて鴫の頭の形を作りて置也　柚味噌にも用」とあり、茄子は丸のままつぼのような形で用い、古くは鴫の肉を用い、また鴫の頭の形を添えている。江戸時代からは現在と同様で茄子の田楽のことを鴫焼と呼び、呼名だけが古いまま残っている。『料理物語』には「なすびをゆで　よきころにきりくしにさし　山椒みそ付候てやく事也」とある。

茄子は油と相性がよいので、しぎ焼の他にも、油を使った料理があり、『料理珍味集』

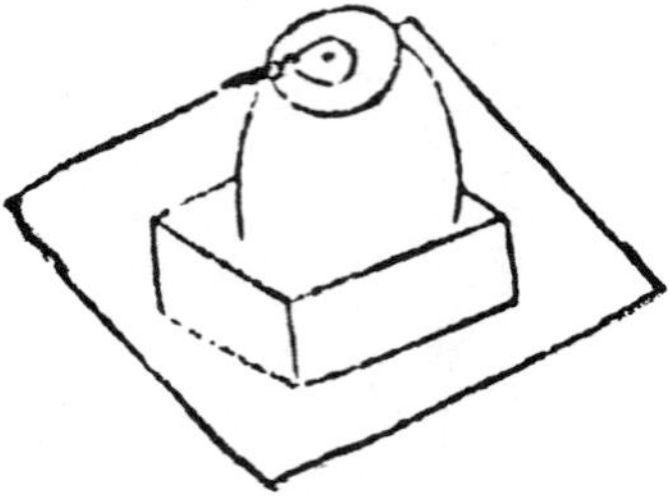

しぎつぼ（『武家調味故実』）

には茄子《なすび》だんごとして、「ひと口なすび揃《そろひ》たるをへたを去　五つくしにさし　油を引やく也　又味噌付焼」とある。その他の茄子の料理として、『料理物語』には汁、さしみ、まろに（丸煮）、あえもの、香の物、きりぼしなどがあげられている。

蓮根梅肉《にく》和《あへ》　素人庖丁

是も前のごとく湯煮したる蓮根の皮とり小口より薄く切　梅干《うめほし》の肉をとり　白砂たうすこし入て和《あへ》て出す　又煮梅の肉にてもよし

【解説】梅干の肉を和え衣に使う梅肉和は現在も行われているが、梅干に砂糖のほか、みりんや醬油を少量加える現在の梅肉和よりも、当時のものは素朴である。蓮根のほかやまのいも、たけのこ、百合根なども梅肉和によい。蓮根を使う時、現在では皮をむき酢水でさらしてから薄切りにしてさっとゆでるが、原文ではゆでてから皮をむく。『素人庖丁』では和物の項に「れんこんの皮を取らず跡先を切てよく湯煮　其後皮をとり木口《こぐち》より程よく切て」とあり、ゆでる場合はすべて皮のままである。皮のままゆでてもとくに色が悪いこともないようで、皮のむきやすさや味なども含めて、折をみて比較してみたい。

原文中の煮梅については料理書によって違いがあるが橘川著『料理集』には「大梅干五十を三日水に入よく塩を出し　太白さとう一升　諸白五合入　成程につめ申候　酢め望候はゞさとう控申候」とある。

歌仙の組糸

白玉牛蒡《しらたまごぼう》

白玉牛蒡は能牛蒡さつと湯煮して水へ取　うへの皮を能去り　中の真《しん》を庖丁目入　次に丸形《なり》に抜《ぬく》　其中へ摺《すり》身を能詰《つめ》　湯煮をして木口切にする也　平皿　煮冷し　取肴などにも甚だよろし

【解説】ごぼうの芯をくり抜き、摺身をつめて煮たもので、くり抜きに手間がかかるが、見た目が美しく味もよい。くり抜きやすくするためには、かたいとむずかしいので、ある程度やわらかく煮ておく。ごぼうを五センチくらいに切り、小さいナイフで両端からくり抜くとよい。摺身は白身魚の摺身がよいが、ほかのものを工夫してつめても面白い。調味して煮てから小口切にする。

『本朝食鑑』（一六九七）には、ごぼうについて大略「全国どこにでもある。農夫は苗を切って野菜とする。しかし根を採る場合、あまり多く採らぬことが大切である。根の大きいものは臂《うで》か大蘿蔔《だいこん》ほどもあって、握ると掌いっぱいになる。根の長いものは鞭か竹筒のようで長さ二、三尺にもなる。近時《ちかごろ》盛んにこれを賞味するようになった。京洛の鞍馬・八幡の村里に産するものは、肥大なものがあって一番よいとされている。武州の忍《おし》の郷・岩《いわ》築《つき》の産も江東《ひがしかんとう》の一番よいもので　洛産に劣らない」とある。

筍しら和　素人庖丁

是もたけのこの皮をとり程よく切　油にてあげ・　扨白豆腐《しらとうふ》七分味噌三分程のつもりにてよく摺合し　右のたけのこと岩たけと一所《いつしよ》に　しやうゆにてさつと味をつけて布巾《ふきん》にてひ

たし　其後こしらへをきたるみそにて和て出すべし　小鉢　猪口《ちよく》の類尤よし

【解説】白和《しらあえ》はいろいろの材料に用いられ『素人庖丁』だけでも、鯨、数の子、きんこ、あわび、蓮根、柿などの白和がある。現在の白和は豆腐に塩、砂糖で調味することが多いが、当時の白和は白味噌で調味するものが多い。また豆腐の水分は現在の方が多いので、軽く水気をしぼって用いる。

たけのこは掘りたてはゆでないでもあくがないが、時間のたったものはゆでて用いる。ゆでるかわりに油で揚げると油の高温でえぐみが抜けるが、一日以上たったものはゆでた方がよい。

笋《たけのこ》のひたし物　素人庖丁

是は笋《たけのこ》のがんさきの所にて随分《ずいぶん》うすくきざみよく湯煮《ゆに》し　胡麻《ごま》醤油　さんせうじやうゆ等《とう》かけて出す

【解説】浸し物は江戸時代の初期から始まり、現在のお浸しは菜類が主な材料であるが、

たけのこはとりたて程うまい（『素人庖丁』）

初期には魚介類も用いられた。『江戸料理集』には　熨斗《のし》あわび、くらげ、うみたけ、伊勢海老、いりこなども野菜類とともに浸し物の材料としてあげられている。その後一八〇〇年代からは野菜のみ用いられるようになった。浸す液については『江戸料理集』には「煎酒に醤油、出しをくわへ　一わり程からくして万の物をひたし用べし　勿論もの〳〵によるべし　作意」とある。江戸末期の『会席料理細工庖丁』の浸物の部には　醤油のほか酢醤油、胡麻醤油、胡麻酢、山椒醤油などが用いられており、浸す液がさらに多様化している。

原文中、たけのこのがんさきについては調べてみたが辞書にはない。たけのこの先端部分（穂先）と思われる。『素人庖丁』には雁《がん》先吸物もある。

にんじん和物

料理集（橘川房常著）

湯煮に致し　ひたし物　和物《あえもの》によく候　くるみ味噌　なんばん　山枡　からし　ごまみそ和にしてよく候

【解説】にんじんは胡蘿蔔、人参と書く。現在はにんじんといえば根の部分を食べるのが主流だが、江戸時代には葉も食用とされた。『本朝食鑑』には人参菜の名であり、八、九月に葉や茎を採り煮て茹《な》にする。冬十一月、十二月及び春に根を採るが、長さ五、六寸で大きいものは片手一握りもあると書かれている。『年中番菜録』には、葉にんじんは、「胡麻しやうゆしたしもの上品なり」とにんじんとは別の項目にとりあげている。原文のにんじんは葉か根かわからないが、どちらにも応用できる。根もゆでて薄切りにすると浸し物や和物になる。『江戸料理集』には、ひたし物の材料の中に根にんじんをあげている。

梅がか　料理塩梅集

梅ぼうし〔梅干〕をよく洗ひ　さねをひしぎ　鰹〔鰹節〕を小口切こまかにきざみ　醤油　酒塩にて能に申候　ぎんなん　木くらげ　細くして入申候　ぎんなんはいりて皮を去り申也

梅がか　合類日用料理抄

鰹《かつほ》ぶし細に削《けづり》すり鉢《ばち》にてすりあらきとをしにてふるひ壱升　古酒壱升　醤油《しやうゆ》六合　水五合　右の酒醤油水三色合候て右のかつほへひた〳〵に入炭《すみ》火の上にて煮《に》申候　煮《に》汁へり次第に右の合申汁を入皆に成まで煮《に》申候　但煮申候内に　梅干《むめぼし》の肉《にく》すりて少　梅仁《むめにん》皮を去わりて少　干《ひ》ざんせう湯《ゆ》につけ内のにくを取こまかにきざみ少　右の三色は心次第にいか程成とも入申候　扨能炒《いり》かわかし能さましつぼへ押《おし》つけ入置候

【解説】梅が鰹、梅が香とも書き梅かつほも同じ。梅干と鰹節を酒で煮て作る。なめ物としてよく作られたものらしく、他の料理書にもみられるが、『料理網目調味抄』の梅が香は「かつほぶしをうすくかき　末《マツ》〔粉〕にして酒にて煮詰　後に漿〔醬油〕にて味付ほろ〳〵とするがよし」とあり、陳皮、梅にん、山椒粉を加えるとよいと注があるが梅干は入らない。『料理早指南』の梅が香も梅干ぬきである。梅干の強い酸味を苦手とする人が、梅干を除外したのかもしれないが、名称からして梅干は入れた方がよいし、酸味は好みによって加減すればよい。

九

大根料理

わが国の野菜の中で最も消費量が多く、また最も料理法が多いのは大根である。

江戸時代にも天明五（一七八五）年に『大根一式料理秘密箱』『大根料理秘伝抄』と、大根専門の料理書が刊行されている。『大根一式料理秘密箱』の序は、次のように大根料理をたたえている。「唯酒は量《はかり》なし　もちは咽喉につまる　下戸《げこ》上戸《じやうご》共にもちゆべきは此料理なるべし　しかもその価心あらして我らごときのこゝろにもかなへり　されば物の名も所によりてかはれども　大根の生《はへ》ぬさともあらじ　はにふのすまゐ〔みすぼらしい家〕にも　香物《かうのもの》つけぬ事もあるまじ　念仏講の手料理　夜話《よばなし》のもてなし　童《わらんべ》には花大根〔花型に切った大根〕老たるにはふろ吹　出家にはてんぷら　賀《が》振舞《ふるまい》にはしらが大こん　いやしからぬ料理なれば　貴賤老若　雅人鈍ぶつにすゝむとも　よもふさいだ口《くち》あかぬもあるま

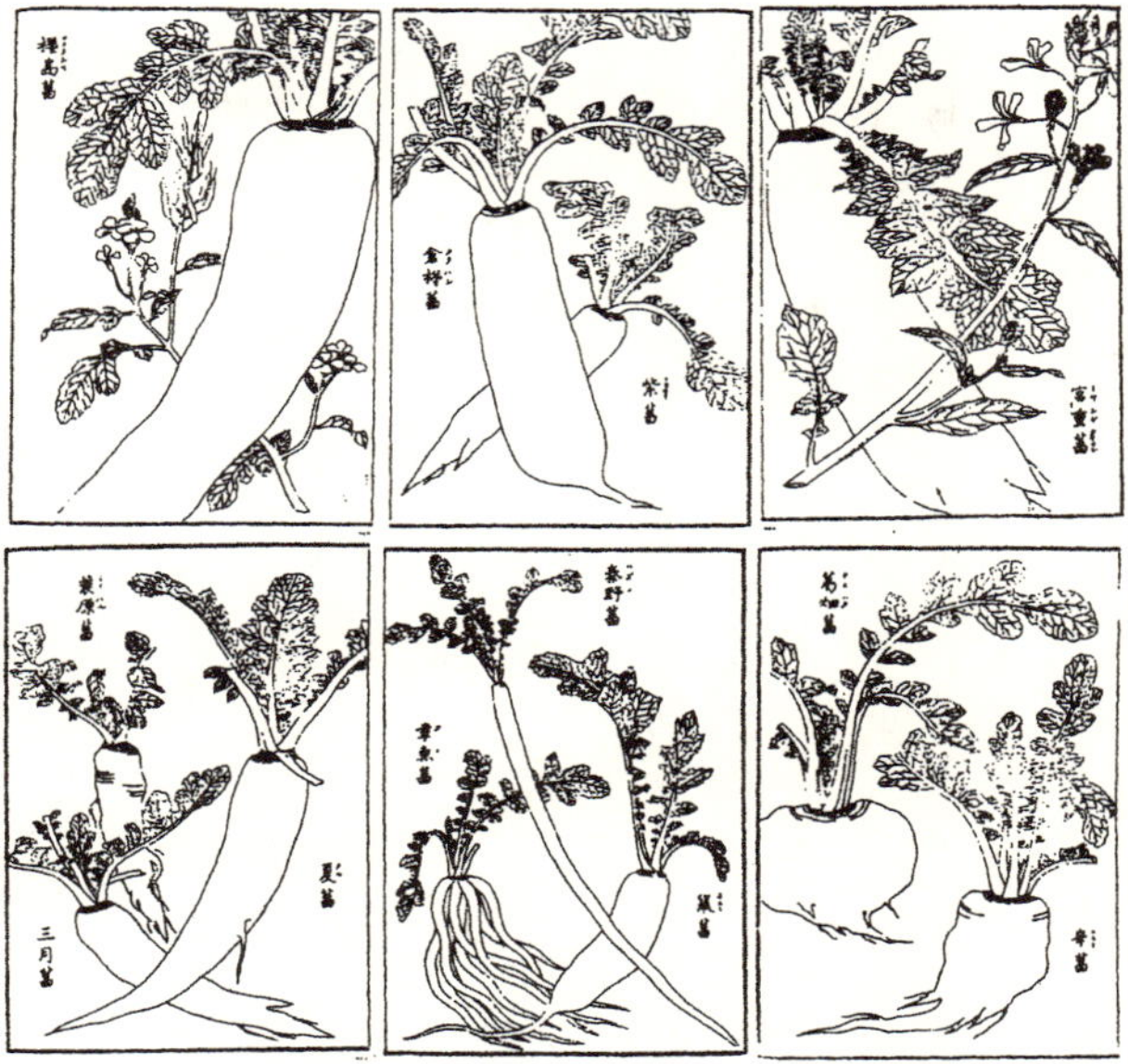

江戸時代の大根（『成形図説』）

じ」

大根料理を分類してみると、おろし、なます、ふろふき、煮物、汁の実、和物、揚物など、また加工して切干、沢庵などの漬物と種類が多い。その他かて飯の材料として大根飯や大根粥に用いられ、食糧の乏しい時代には主食の補いともなった。

おろし汁

料理物語

大こんをおろし　かき　はまぐりなど入　中味噌にだしくはへしたて候

【解説】大根や蕪をおろして入れるおろし汁は、姿がみぞれに似ているところからみぞれ汁ともいい、寒い冬のものである。以前晩秋の京都で味わった「かきのみぞれ煮」は、むしろみぞれ汁で、おいしいだしに聖護院蕪のおろしを合わせ、熱々のものが一人分ずつの土なべで出され、かきの煮え加減も程よくて記憶に残ったが、寒くなると味わいもさらに増すということだった。『新撰会席しっぽく趣向帳』のおろし汁は、

「おろし汁大根牛房蕪也　大根は水の中へすり入　水をしぼり扨湯煮してしぼり味噌汁へ入る也　牛房蕪は其まゝおろし湯煮し汁へ入る　牛房には酢を少しさす也　取合焼小鮒あ

るひはむき海老さき海老くし海鼠《こ》こま〳〵の類也　あるひはしめじ茸等也」とあり、牛蒡をおろしたおろし汁もあったようである。大根は水の中へすり入れて水をしぼり　湯煮してしぼり味噌汁へ入れるとあるのは、大根のあくを抜くためであろうが、惣菜料理として作る場合には栄養素の損失も考慮して、おろしたまま使ってよいのではなかろうか。

煎出《いりだ》し　素人庖丁

是も　常《つね》のごとく皮《かわ》を取《とり》　切《きり》やうは心《こゝろ》まかせにして　胡麻の油《あぶら》にてよく揚《あげ》　蓋《ふた》のある器物に入　上よりおろし　醤油　ねぶかの小口切にて出すべし　又右之通　油《あぶら》にて揚《あげ》て　味《み》そのるいかけてもよし
せうがみそ　ねぎみそ　胡麻みそ　さんせうみそ　とがらしみそ　きのめみそ
右之中にて見合《みあわす》べし

【解説】揚げ出しとは、衣をつけずに油で揚げたものをいうと『江戸語大辞典』にあるが、料理書では『料理通』に小鯵あげだしを見るくらいであまり目につかない。『素人庖丁』には煎《いり》出しの名で大根のほか筍、蓮根、松茸、糸瓜の揚げ出しがあり、煮出《いりだ》しの名でえそ、蠣《かき》、伊勢海老、車海老の揚げ出しがある。

大根を生のまま油で揚げて、柔らかくなるだろうかと疑問だったが、ゆっくり揚げると十分柔らかくなる。ただし風呂吹のような大きな切り方は避けること。熱い中に供すれば、煮たものとは違った風味が楽しめる。

田楽《でんがく》大根仕方　大根一式料理秘密箱

大こんの皮《かは》をむき　長《たけ》二寸ほどに切　でんがくのごとくこしらへ　うす豉汁《みそしる》にて煮る　但し汁《しる》にへ立《たち》し時より　入れて煮るなり　扨いかきへあげ　竹串《たけくし》にさし　少し火《ひ》にかけて　みそは何《なに》みそなりとも　時《とき》のみはからひにすべし　さて味噌《みそ》をぬりて又火にかけて　出《いだ》す也　此でんがくは茶人《ちゃじん》のはじめられし料理なり

【解説】田楽《でんがく》は田楽焼のことで、豆腐を串にさし、味噌をぬって焼いたのが始まりで、野菜類やこんにゃくなどの田楽もある。魚類を用いたものは魚田《ぎょでん》とよぶが、『素人庖丁』など料理書によっては魚類も田楽としている。

大根（『料理献立抄』）

大根料理秘伝抄

伯州《はくしう》名物大根卵醤《たまごあへ》仕方

米子に粂といふ所あり　此所の神事料理なり　此所は四季《しき》に卵《たまご》を取る也　又日野《ひの》大こんとて　めいぶつあり　大坂天王寺《てんわうじ》大根は此種《たね》也　一国の御下には鶏《とり》を飼《かう》事第一なり　此所の神事に　大こんを煮《にる》事凡二十里四方になき事也　夫故大根第一に遣ふ也　扨大こんをせんに切て　暫《しば》らく塩をして取出し　水にて洗らひしぼり煮《にる》　又煮《に》ぬき玉子〔ゆで玉子〕をすり鉢《ばち》にて擂《すり》つぶし　みそを入れ　よく〳〵する也　右の大こんを入てあへる也　これは名ぶつの通り也　亦家《いへ》々によりて　かやくを入るもあり

【解説】伯州は伯耆の国で現在の鳥取県。原文の前半は神事（まつり）料理であることの由来で、作り方は簡単である。ゆで卵は裏漉を通してからすり鉢に入れて味噌と合わせるとよい。ゆで卵と白味噌をすり合わせた衣はクリーム色で味もよく、大根をあえる以外にもいろいろ利用できそうである。

大根料理秘伝抄

林巻《りんまき》大風呂吹《ふろふき》大根

是は秋の比《ころ》　大こんのなき節にする料理也　但《たゞし》所によりて大根の名物のありといへどもふときを好む料理なり　大こんを壱寸五分ほどに切皮をむき　随分うすく長剝《ながむき》にして　是を元のごとく巻しめるなり　但し酒を少しづゝ打かけまくなり　其上を藁しべにてくゝりせいろうに入候へば　さつそくに蒸《むさ》り申候　扨取出しひもをとき器にもりて　葛あん　みそかけ　しきみそ　何みそにてもよし　又は小口切にして　しゆんかん物　せんばものなどのあしらいにもよろしく候

【解説】林巻《りんまき》の意味がわからずいろいろ考える中、輪巻をしゃれたのではないかと推定した。大根を桂むきにして元のように巻いて蒸した風呂吹で、年輪のように見える。普通の風呂吹は三センチくらいの輪切りにするが、これは一旦薄くむいてあるので火の通りがよく、一つの工夫である。

風呂吹大根の語源については諸説があり、漆器の塗師職人が冬に漆のかわきをよくするため風呂（漆器をかわかすための穴蔵）へ、大根のゆで汁を吹きかけ、その時ゆでた大根を風呂吹大根と名付けたとか。また、蒸風呂で垢をかくため体に息を吹きかけることを風呂吹といい、熱い大根に息を吹きかけて食べる様子が風呂吹に似ているので、風呂吹大根とよぶともいわれている。

原文にはむいた大根を巻き、藁しべでくくるとあるが、くくらないでも形がくずれることはない。また、巻く時に酒をふりかけるのは、あくを抜くためと思われる。『素人庖丁』の大根風呂吹の作り方には、大根を蒸す時に蒸器の湯に酒をすこしさして蒸すようにとある。大根はゆでてあくを抜くが、蒸す場合に酒を用いるのはあく抜きのためではなかろうか。

なお、文中の「しゅんかん」は筍羹《しゅんかん》で、たけのこを入れた煮物、「せんば」は、魚鳥と大根その他の野菜を材料とした切り方の大きい煮物のことである。

長崎雁《がん》もどき大根

これも尾州〔尾張国〕上の切干《きりぼし》を　そのまゝあつき湯に漬《つけ》　二三度もにへ湯をしかへ一寸ほどに切　魚類ならばかまぼこをせんに切　又きくらげを随ぶんほそくせんに切　ちんぴこまぐ〳〵をの実少し入　うどんのこを酒と水ととうぶんに入よくねり合す也　あまりやはらかなるはあし、　扨右の大こんを入　よく〳〵かきまぜて小取《ことり》にして　ごまの油にてあげるなり　大こんは少しよけ入るがよし　扨醬油にとうがらし　にんにくのこまぐ〳〵か　ねぎのこまぐ〳〵かを入出す也　茶料理　取さかな　菓子椀もの一段とよろしく候

【解説】冒頭の、「これも尾州上の切干を」というのは、前項の〝大こんさんちやうあへ〟に「これは尾州宮重より出る切干なり　これにも上中下あり」とあるからである。江戸時代には尾張（愛知県）の大根は名物であり『毛吹草《けふきくさ》』にも大根、干《ほし》大根を尾張の名物としてあげている。

雁もどき大根は切干大根をもどして、かまぼこときくらげのせん切り、蜜柑の皮のみじん切り、麻の実と合わせて、溶いた小麦粉でまとめて揚げたもので、とうがらしとねぎか

にんにくのみじん切りを入れた醤油を添えて出す長崎の料理である。にんにくを使うとかなり中国料理的な風味があるが、以前、台北の青葉餐庁で味わった切干大根の卵焼(菜甫煎蛋《ザアイプーチエンタン》)は、雁もどき大根とのつながりを思わせる料理だった。

同行の一人が苦心して再現した作り方を紹介すると、切干大根三〇グラムを洗ってみじん切りにし、ねぎのみじん切り一五グラムとにんにく一かけのみじん切りと共に油で炒めて塩こしょうをふり、卵四個をほぐした中にまぜ、お好み焼のようにフライパンで焼く。これは卵を使い焼いている点が、小麦粉を使い揚げている雁もどき大根と違っているが、切干大根の料理としてはよく似ている。両方共に味もよく、切干大根の料理として推奨できるものである。

一〇　いも料理

江戸初期の『料理物語』には「薯蕷《やまのいも》汁　にもの　茶くはし　いも酒　もち　そうめん色〳〵」「里芋　汁　にもの　香の物　同たうのいものくき　なます　あへもの　すさいによし」とあって、さつまいも、じゃがいもはない。やまのいもと里芋は、わが国には古くからあるが、さつまいもは江戸初期に渡来し、中期になって普及したものである。享保の飢饉の時の救荒食糧として栽培が奨励され、その後寛政元（一七八九）年には『甘藷百珍』が刊行されている。じゃがいもも慶長年間（一五九六〜一六一五）に渡来し、はじめは主として牛馬の飼料として用いられ、後に救荒食糧として食用になり、おたすけいもと呼ばれた。しかし料理書にはじゃがいもは見当たらない。このように当時料理の材料として用いられたおもないも類は、やまのいも、里芋、さつまいもである。

やまのいもは、「ながいも、つくねいも、自然生《じねんぜう》」などの名で記載され、区別がわかりにくいが、植物学の分類によると、ヤマノイモ科にはヤマノイモ（自然薯《じねんじよ》）とナガイモ（薯蕷）とがあり、ヤマノイモは山地に自生して古くから食用にされた。ナガイモは栽培され、形状によって長形のナガイモ群、扁形のイチョウイモ群、塊形のツクネイモ群に大別される。

里芋も品種が多く、子いも用、親いも用、親子兼用などに分類され、普通の里芋のほか、海老芋、八つ頭、唐の芋などの品種がある。

さつまいもは幕末の頃には焼芋や蒸芋として小店で売られた。行燈に八里半と書く店が多かったのは蒸栗の味に似てわずかに劣るの意味であり、十三里と書く店もあったのは、栗より（九里四里）うまいの意味であった。また全形で焼いたものは○やきと書いた。

衣《ころも》かけいも　甘藷百珍

生にて切《きり》　麪粉水《うどんのこみづ》にて解《とき》　豆油《せうゆ》少《すこ》し入　藷《いも》をまぶし　油にて煠《あげ》る　○又いもと生姜《せうが》同《おな》じく細《ほそ》ぎりにして取合　右の衣かけ　油にて煠《あげ》たるもよし

【解説】さつまいもに小麦粉を水でといた衣をつけて揚げるのは、現在の天ぷらと同じであるが、衣に醬油を少し入れると味つきの天ぷらになる。またいもと生姜を細切りにして衣でまとめたかき揚げは、生姜の風味がさつまいもとあい、衣の味も加わりおいしいものである。

江戸時代の料理書で、てんぷら（天麩羅）の作り方の初出は『黒白精味集』（一七四六）である。この本は写本であるため、刊本の『歌仙の組糸』（一七四八）の方が、てんぷらの初出本とされていた。魚介類に水溶きした小麦粉のころもをつけて油で揚げたものをてんぷら、野菜類を材料にしたものは現在は精進揚というが、江戸では単に揚物と呼んだらしい。

『守貞謾稿』には、京坂では江戸のてんぷらを「つけあげ」と呼び、魚のすり身を油で揚げたものをてんぷらと呼ぶとある。

新制煠《あげ》出しいも　　甘藷百珍

生にて一寸五分方　厚さ七分〔約二センチ〕ほどに切り　油にてあげ　蓋茶甌《ふたちゃわん》に入　生《き》豆油《ぜうゆ》かけ　おろし蘿蔔《だいこん》上おきにていだす　又山葵《わさび》みその敷みそもよろし

【解説】さつまいもを、風呂吹のように厚く大きく切り、油であげて、大根おろしをのせて、醬油をかけるもので、揚げ出し豆腐の豆腐をさつまいもで置きかえたようなもの。

さつまいもが大きいので、低温からゆっくり揚げないと、かたいうちにこげる。揚げ出しいもは食べた時の意外性も楽しめる料理法といえよう。

辛板糕《かせいた》いも　　甘藷百珍

蒸藷馬尾篩濾《むしいもすいのふこし》百目　粳米粉五十目　砂糖《さとう》廿匁　辣茄末《とうからしのこに》二分《ふん》　溲合《こねあわ》せ箱《はこ》に入蒸《いれむし》あげ　二日ほど置《おき》　一分《ぶ》程に切て乾《かはか》し　鏊子《やきなべ》にて焼用《やきもちう》

【解説】「かせいた」は梨の実をすりつぶし砂糖と混ぜて煮つめた南蛮菓子の一つで、現在も熊本で作られているが、この辛板糕《かせいた》とは別種のものである。これはとうがらし入り芋餅ともいえるものである。原文には箱に入て蒸すとあるが、かためにしてなまこ形に作って蒸す方が扱いやすい。とうがらし粉の二分の分は匁の一〇分一であるから二分は〇・七五グラムである。辛味と甘さは好みにより加減する。

長いも黒和《くろあへ》　素人庖丁

是も前のごとく湯煮《ゆに》して皮《かわ》をとり　小口より切て　黒胡麻《くろごま》沢山に味噌《みそ》に合《あは》して　あえて出《いだ》すべし

【解説】『素人庖丁』には「黒和《くろあへ》」と名のつく料理が多く、長いもの他に、栗、柿、百合根、くわゐ、ちょうろぎ、蛤、笋《たけ》の子などの黒和がある。これらの中、百合根、くわい、ちょうろぎ、蛤の黒和は、長いもと同じく黒胡麻を炒ってよくすり、白みそを入れてすりまぜ、酒でのばすものである。栗の黒和は豆腐一丁白みそ三分、黒胡麻たくさんをすったもの、柿黒和は豆腐と白みそをすり、黒豆をみりんで煮出した汁でのばすとある。笋の子黒和は黒ごまにさんしょうを少しすりまぜ酒でゆるめたもので、同じ黒和の名でも、材料に合わせての工夫がある。

芋豆腐《いもどうふ》　料理珍味集

湯どうふにして湯をしたみ　とろゝをかける　とろゝは上しやうゆに鰹出しを用ひ　あまくからく仕《し》かける　上置は胡椒か青のり甘《あま》のりの類よし

【解説】『豆腐百珍』には薯蕷《いも》かけ豆腐があるが、おろしたやまのいもを、だし汁の中で加熱し、真のうどん豆腐の上にかけるもので、煮かげんがむずかしく、二人がかりでするようにとある。原文の芋豆腐はごく簡単に、湯豆腐の上にとろろをかけるものであるが、豆腐ととろろがよくあって風味がよい。

とろろ汁　黒白精味集

つくねいもの大きなる芋を　皮をむき擂鉢にておろし　下すりをよくよくして　ふくさみそへだしを入れ煮立よくさまし　一杓子のべとくと擂合せ　又一杓子のべとくと擂合せ一度に二杓子と入れず　擂様は擂木を擂鉢の上の方へすり上げすり上げ　芋を擂切擂切擂合する也　下擂悪《あ》しく又一度にたれみそを多く入れば　上ばかり泡にて下は澄む也　芋の頭芽の所は入れず　此《かく》の如くすれば下まで澄まず泡になるなり　擂様一通りの伝也　さて鰹節をさめ〔鮫皮〕にておろし　青のりと合せかけ出す

丸子の「とろろ汁」（広重『東海道五十三次』）

【解説】やまのいもをすりおろし、さらにすり鉢ですり、醬油仕立のすまし汁、またはみそ汁をすり混ぜたもの。とろとろの形容詞がとろろになったという。江戸初期の『日葡《にっぽ》辞書』（一六〇三）にもとろろ汁があり、それ以前からあったらしい。

文中のふくさみそは、二種類のみそを合わせたみそのこと。「鰹節をさめにておろし」のさめは鮫皮《さめかわ》のことで、鮫の皮はざらざらしていてやすりの代用に使われるが、ここでは鰹節を削るのに用いられている。江戸時代の鰹節は現在の本枯節のようにかたくはなく、荒節状だったので可能だったらしい。なお当時は鰹節は小刀で削るのが普通で、かんな付の鰹節削り箱は幕末からのものらしい。

はじき芋　　料理山海郷

子いも　身のよく入たるを　かわとも能むし　かしらをうすく切　身をはじきいだしそば切汁にて用ゆ

【解説】『会席料理秘嚢抄』のはじき芋は「小芋をゆで　中の身ばかりおし出したる也」とある。

『四季献立集』には「はじき芋衣かづき小芋ゆで　中の身ばかりおし出して用ゆ」とあり、里芋を皮ごとゆでたり蒸したりした衣かづき芋の中の身だけをはじき芋という。

日本では米作以前に里芋を主食にした時代があったという説があり、現在でも里芋は行事食によく用いられている。正月の雑煮の中に里芋を入れる習慣は各地にあり、また、中秋の月は芋名月と呼ばれて、きぬかつぎ芋（きぬかづき芋ともいう）を供えたり食べたりする習慣は古くからある。

薩摩《さつま》芋蛸《いもたこ》汁　萬宝料理秘密箱

蛸《たこ》を小口より　半分に切　四ツ五ツつゞけて　五六分に切はなし　酒にて煎《いり》あげおき　扨豆腐《とうふ》の才切　ねぎの白根《しろね》五分切　やき豆腐の才切　里芋《さといも》　又はこんにやくは油にてあげ短冊《たんざく》に切　牛房《ごぼう》五分切　右の具を残らず入れ　薄味噌《うすみそ》にてそろ〳〵と煮《に》申候而《て》　牛房《ごぼう》の喰《くい》かげんになり候へばよろしく候　また汁うすく候はゞ醤油《しやうゆ》か赤みそかをすこし入る　汁はからめにしてよし　あたらしき土《つち》のかはらけ三枚ほどやき　汁の中へしばらく入て煮《たき》申候　これは土《ど》なべにてたくがよし　常《つね》の鍋《なべ》にてたき候時は右の土器《かはらけ》を入れ申候　是は土くさきを賞翫《しやうくはん》とするゆへなり　他国《たこく》にてははなはだめづらしき料理也　花見遊山《ゆさん》などのせつ鍋《なべ》一つにて汁飣《さい》にもなり　別《べつ》してさけのさかなには一だんよろしく候

【解説】 薩摩に独得の料理とあるが　手許にある郷土料理の本の鹿児島県の部には、芋蛸汁は見当らない。現在のさつま汁の鶏肉や豚肉のかわりに蛸を使うと、ちょうど芋蛸汁のようになる。蛸には脂肪がごくわずかしかないので、動物性脂肪をさけたい向きには、天明風さつま汁が適している。里芋と蛸は相性がよくて芋蛸汁は風味もよい。

一一　きのこ料理

きのこ類は九〇パーセント内外の水分を含み、エネルギー源としての価値はほとんどないが、風味がよいので昔からよく用いられている。

『料理物語』の「きのこの部」には、松茸、平茸、椎茸、初茸、いくち、よしたけ、しめじ、松露《しょうろ》、木くらげ、こうたけ（鹿茸《ししたけ》）、鼠茸、岩茸があげられている。『素人庖丁』には、松茸、しめじ茸、ひら茸、はつ茸が、きのこ料理の材料として、ひたし物、酢の物、田楽、つけ焼、吸物などに用いられ、その他のきのこは料理の取合せとして用いられている。『年中番菜録』のきのこは、松茸と椎茸だけであり、松茸は吸物と煮物に、椎茸はこんにゃくや豆と煮しめるが、お客用にはならないとしている。料理書の中では常に第一にあげられている松茸は、現在では高価で貴重なものとなってしまったが、惣菜用の椎茸はお客

松茸売り（『素人庖丁』）

用にも通用するようになっている。

『料理早指南』の「秘伝物の部」には、きのこ類の料理の秘伝として次のようなものがある。干した椎茸をなまにするには「しんまいのうらのいかにも白きをえりてさとう水につければなまになるなり」。塩茸しおのだし様は「水の中へ大こんをなまにて切入ておけばしほはやく出るなり」。初たけの砂とり様「初たけにかぎらず　ゑのきたけ　しめぢなどよく洗ひても　裏のふの間に入たる砂落かぬる物なり　是をおとすには初だけをふせてぢくの所をはしにて挟み　外《ほか》のはしにて笠の上よりたゝけば砂みな落るなり」。

天満市側《いちのかわ》松茸市（『日本山海名物図会』）

焼松茸《やきまつたけ》　素人庖丁

此仕《このし》やう　莟《つぼみ》か中《ちう》ひらきのまつたけを紙《かみ》に包《つゝ》み　火中《くはちう》の灰《はい》へ暫《しば》らく埋《うづ》み置《をき》　よき時分《じぶん》をかんがえ取出《とりいだ》し　水《みず》の中《なか》にて紙《かみ》をとりよく洗《あら》ひ　根元《ねもと》よりひきさき器《うつは》へ入　柚《ゆ》ぜうゆ　こせう抔《など》にて出す　又中ひらきの茸《たけ》のかさばかりを仰向《あをむき》にして火にかけ　うら表《おもて》よりよくやきたるを　しやうゆにて付やきか又は其《その》まゝ切て　柚《ゆ》ぜうゆかけて出《いだ》すもよし

【解説】松茸はきのこ類の中で昔も今も最も珍重される。現在でも人工栽培が出来ず、国内では年々生産量が減って、日常の食生活とは縁遠くなってしまったが、江戸時代はよく採れたようで、『日本山海名物図会』には、天満市側《いちのかわ》松茸市のようすを次のように書いている。「大坂天満橋の北つめより天神橋の北づめの間　是を天満市の町と云　青物　干物等の大市毎日繁昌也　松たけの頃殊に賑わし　松茸市は夜なれば松明《たいまつ》をとぼして商《あきな》う　摂州能勢　勝尾等の山々よりおびただしく出ず　又丹波より多く来る　京都には高倉通錦下ル町に松茸市あり　甚だ繁昌也　京いなり山　高雄山　證安寺等の松茸名物也」。松茸市が夜なのは、京都付近でとれたものを大坂に持って来ると夕方につくためである。

松たけ塩づけ　　料理献立抄

松たけ塩づけは　石付を切すて　さつと湯煮して　よくしづくをたらし　籠に塩を敷松葉をならべ　其上に松たけを入塩にてうづむ　何べんもかくのごとくしてつけをくべし

【解説】前述したように、当時松茸は大量にとれたらしく、松茸の保存法が料理書にはよくみられる。『和漢精進新料理抄』の漬松茸も間に松葉を置いて、塩漬であるが桶を用い、底に錐《きり》で穴をあけて、塩水がたまらないようにしている。『会席料理秘嚢抄』では、水一升塩四合を六合に煮つめた塩水で松茸をつけるが、やはり間に松葉を置いている。

松たけ塩づけ（『料理献立抄』）

『本朝食鑑』には、白塩を炒って、松茸の生えるところの土と合わせてその中に漬け松葉で覆う。これを松葉塩という。あるいは生塩漬、寒水漬、豆腐滓に白塩をまぜて漬けるのもよいとある。

椎茸の煮物　　精進献立集

しいたけ　よく水につけぢくを取　酒にてよくたき　しやうゆにてあぢつけ　けしごまふりかけ組合す

【解説】これは取肴としてみどりふき、花くわゐと取合わせた椎茸の煮物である。椎茸を単独に使った料理はなかなか見当たらないが、いろいろの料理に取り合わせた材料としてはよく出てくる。

椎茸はシイ、カシ、クリ、ナラ、クヌギなどの枯木の中に菌糸が繁殖して自生するが、江戸中期から人工栽培も行われていた。現在は原木に菌糸を植えつけて栽培するが、当時は原木の表皮にきずをつけて放置し、自然に菌糸の付くのをまって木をたてかけ、椎茸の生えるのをとった。干椎茸は椎茸を陽に干して乾燥させ、または温室《むろ》に入れて炉の火で乾燥させて作った。現在の干椎茸はほとんど火力乾燥によるので、椎茸に含まれるエルゴステリンが紫外線によってビタミンDに変化することは望めない。

『本朝食鑑』には、椎茸は葱やにらの臭気を除き、葱の汁物に二、三個入れると臭気を感じない。また、にらを食べて後二、三個の椎茸を食べると口臭も消えると、その効能を記している。

しめじ茸海苔《のり》酢《す》　　素人庖丁

是も前のごとく　砂気《すなけ》なきやうよくあらひ　さつと湯煮《ゆに》し　浅草苔《あさくさ》をよく火とりて　こまかくもみて酢にひたし　酒《さけ》とせうゆすこし計《ばかり》さして　上《うへ》よりかけて出すべし

【解説】においい松茸、味しめじといわれるが、最近スーパーなどで売られているしめじは、人工栽培したひら茸の若いもので、本来のしめじではない。しかしいずれも海苔酢の料理に適している。海苔酢は浅草海苔をよく焼いてもみ、三杯酢や二杯酢にまぜたもの。

しめじ田楽　　素人庖丁

是も前のごとく砂《すな》けなきやう水《みつ》にてよく洗《あら》ひ　串《くし》に四つ五つ程《ほと》さして　さんせうみそとからしみそ　きのめみそ　此中にてでんがくにして出すべし

【解説】これはしめじ茸の田楽であるが、『素人庖丁』には、松茸、ひら茸、はつ茸にも、同様の田楽の料理をあげている。現在いつでも入手しやすい椎茸を使ってもよい。

焼きたてのあつい田楽は手がかからずに美味である。ただし焼きすぎるとしぼむので焼き加減に注意すること。

二　こんにゃく料理

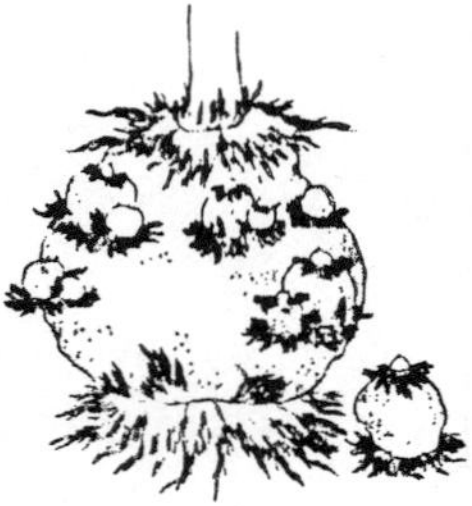

こんにゃくはサトイモ科のコンニャクの球茎から作るものである。こんにゃくの成分をみると水分が約九七パーセントで、見るべき栄養素を含んでおらず、エネルギー源にもならない。最近せんいの価値が見直されてきているが、こんにゃくは水分が多いので、野菜類にくらべて特にせんいが多いということもなく、むしろ口ざわりを楽しむ食品である。また低カロリーを目ざす食事の材料として用いられる。

歴史的にみると、こんにゃくは平安時代に中国から伝来したらしいが、現在では中国ではほとんど食べていないようで、大量にこんにゃくを食べているのはわが国だけである。

江戸時代にも庶民の食物として親しまれ、幕末の弘化三（一八四六）年には『蒟蒻百珍』が刊行されている。百珍といっても約八〇種の料理を記載し、「うすぜうゆにて煮　胡せうのこをふる」を、たちばなと名づけて一つの料理とするなど、こんにゃく料理を数多く並べるのは大変だったようである。指身《さしみ》、田楽、煮物、和物などがおもな料理法であるが、こんにゃくと相性がよいのか、みそと油を使う料理が多くみられる。

『守貞謾稿』には、京坂の諺に、坊主と蒟蒻《こんにゃく》は田舎がよいというのがあり、京坂では江州八幡のはちまんこんにゃくがよく、江戸では下総中山村で作られたものがよい。大坂ではこんにゃくを売歩く人もいる。また凍《しみ》こんにゃくもよく用いられると書かれている。

こんにゃく葱味噌煮《ねぎみそに》　素人庖丁

是は　灰気《はいけ》の少《すく》なき　随分新《ずいぶんあたら》しきよきこんにやくを　指先《ゆびさき》にてむしりとり　塩《しほ》をふりてよくいかにもよくもみ　其後《そののち》水にていくたびもあらひ　ゆにして　いかきなどに揚《あげ》をき　扨鍋に胡麻《ごま》のあぶらを少しおとし　右のこんにやくを入てかきまぜ　其所《そこ》へしやうゆをすこし計おとしよくまぜ　扨また葱《ねぶか》を小口よりこまかにきざみて　すり鉢《はち》にてよくすり　白みそ程よくすり合し　酒《さか》しほにてよきほどに延《のば》し　前《まへ》のこんにやくを煮《に》て出すべし　又白みそ煮《に》にして　ねぎの小口上《こぐちうへ》にをくもよし　大平　梅椀などに入て　こせう　さんせうとうがらし　ふきたう　すりせうが　上《うへ》にをくべし

【解説】こんにゃくの製法は古くはこんにゃく薯《いも》（球茎）の皮をむいてゆでてからつきつぶし、水を加えて糊状にして石灰汁を加え、かた箱に入れて型をとり、それを煮沸して作った。江戸後期にこんにゃく薯を乾燥させ粉にする方法が考案され、粉に水を加えて糊状にし、前記の方法でこんにゃくが作られるようになった。原文中灰気というのは、凝固のために用いた石灰分のことで、石灰分を除くためにはよく洗ってからゆで、水にとってさらす。塩でもんだり、空炒《からい》りしたりして余分の水分を除いてもよい。

井出《いで》の里《さと》　蒟蒻百珍

糸づくりにしてよくもみ　うすくざつと味《あぢ》を付《つけ》　右の上《うへ》へたまごを煮貫《にぬき》にして　黄味《きみ》ばかり金《かな》ずいのうにてふりいだす　小はちものに奇麗《きれい》なり

【解説】こんにゃくを細く切って塩でもみ、水洗いしてから、だしとしょうゆで煮て味をつけ、また、ゆで卵の黄身だけを裏ごしにかける。こんにゃくを小鉢に盛って、上に裏ごしした黄身をかけるという、ごく素朴なものであるが、料理の名と色どりがひなびていて美しい。

井出は京都府南部にある地名の井手を指し、井手は山吹の名所であったところから山吹の花を井手の花ともいう。この料理は卵黄の黄色が山吹の花のように美しいので井出の里という。

狸汁《たぬきじる》　蒟蒻百珍

湯煮し乱にちぎり　香油《ごまのあぶら》にて揚もつとも色のつくほどよろし　味噌しる　大こんおろし又はきらず〔おから〕など　せり二分きりはらりと入べし　吸物にもよし

狸汁　料理物語

野はしり〔普通のタヌキ〕は皮をはぐ　みたぬき〔アナグマ・ムジナ〕はやきはぎよし味噌汁にて仕立候　妻は大こんごばう其外色〳〵　すい口にんにく　だし　酒塩

【解説】『料理物語』には「獣の部」に狸があげられ、狸汁も狸を使っている。「萬聞書の部」には狸汁の口伝があって「身をつくり候て　松の葉　にんにく　柚を入古酒にていりあげ　その後水にてあらひ上《あげ》　さかしほかけ候て汁に入よし」と肉の臭みをぬく方法まで記してある。

『料理無言抄』には狸は悪瘡を生じるので食べてはいけないとして「狸汁ハ狸モドキ成ベシ　昆若《こんにゃく》ヲ油揚ニシテ澄《すまし》ノ汁ニ認ル事古代ヨリノ料理ナリ　狸ヲ汁ニ認ニテハ無レ之」とある。

『本朝食鑑』には狸について、著者は食べたことはないが昔から無毒といわれているとある。

　こんにゃくの料理が狸の話になってしまったが、こんにゃくを油で揚げると、口ざわりや色が肉めいてきて、狸もどきにもなり、また、細長く切って油で揚げた鰌《どじょう》もどきという料理もある。橘川房常の『料理集』のたぬき汁も、こんにゃくを使い、ごぼう、焼豆腐なども加えている。

胡桃《くるみ》みそあへ　　蒟蒻百珍

切《きり》かた心まかせ　白ごま　くるみ等分《とうぶん》にすり合《あは》せ　みそ程《ほど》よく入あへる

【解説】 こんにゃくの料理はどれも簡単で説明の必要がないが、これも切かたも好みにより、みそも適宜入れればよい。みそは白みそがよいが、甘すぎる時は赤みそと合わせて使うとよい。みそのかたさは少量の酒で加減する。なおこんにゃくの下ごしらえの注意は、葱味噌煮と同じである。

一三　海藻料理

海藻はほとんどエネルギー源とならず、無機質や繊維・ビタミンに富むので、最近その栄養的価値が見直されてきている。日本は世界一海藻を食用とする国であり、古くから食生活の中で重要な位置を占めている。

『料理物語』には「磯草之部」に次の海藻があげられている。「昆布　若和布《わかめ》　荒和布《あらめ》
さがらめ　青苔《あをのり》　もづこ　搗和布《かぢめ》　とさか　甘苔《あまのり》　浅草のり　十六嶋《ウップルイ》　かたのり　みる
於期《おご》　しやうがのひぼ　のろのり　ふじのり　海鹿《ひじき》　ほんだわら　ところてん　能登《のと》のり
燕巣《ゑんす》　め耳　日光のり」

　この中のもづこはモズク、十六嶋は島根県十六島《ウップルイ》附近でとれる岩のり、燕巣は海ツバメの巣、め耳はわかめのめかぶのことである。

海藻とり（『料理献立抄』）

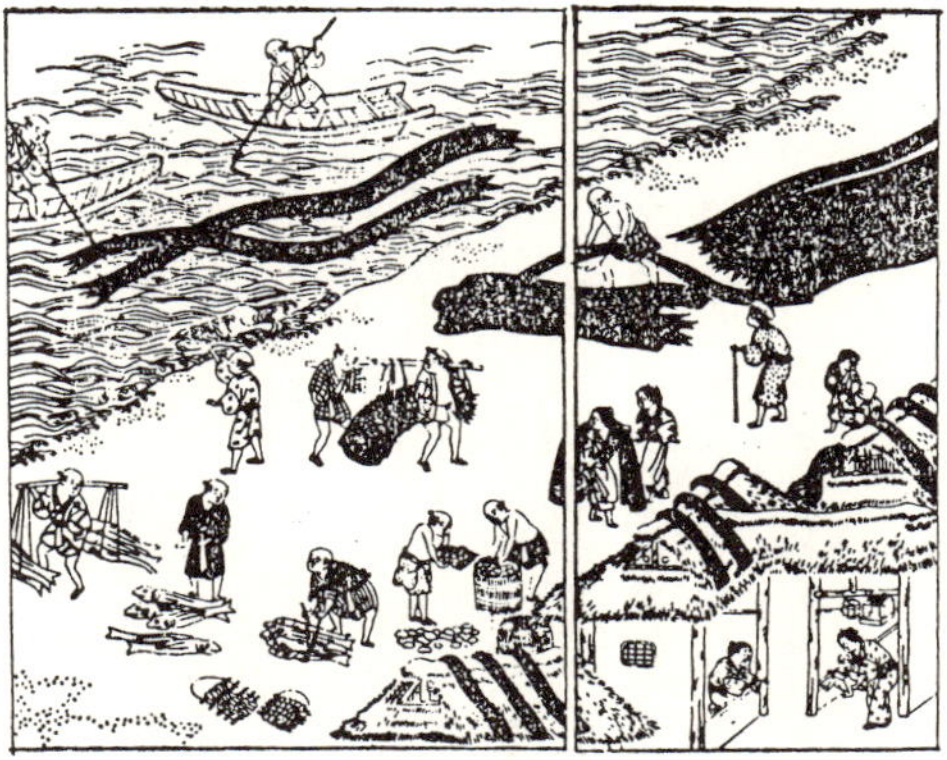

松前昆布　長さ数丈、舟から鎌でとり屋根にほす（『日本山海名物図会』）

これらの海藻の調理法としては汁、煮物、和物《あえもの》、さしみ、なます、あぶりさかな（海藻を火であぶって肴にする）などがあげられている。江戸中期の『名産諸色往来』（一七六〇）には海藻として次のものが記してある。

「和歌布《わかめ》　相良布《さがらめ》　青海苔《あをのり》　甘海苔　葛西苔《かさいのり》　品川苔《のり》　搗和歌布《かぢめ》　堅海苔《かたのり》　鶏冠《とつさか》　草薢店《ところてん》
禾苔《のぎのり》　海蘿《ふのり》」

これらの海藻の中で、甘海苔からは浅草海苔、草薢店《ところてん》からはところてんが作られた。

浅草海苔　江戸の浅草辺でとれる紅藻類アマノリの一種の名であり、紙状にして干した製品の名でもある。海藻としての海苔は平安時代から食用にされ、「神仙菜《あまのり》」「紫苔《むらさきのり》」の名が『和名類聚抄《わみようるいじゆしよう》』に見られ、鎌倉時代以降、甘海苔の文字が使用されている。浅草海苔の名は江戸初期の『毛吹草《けふきくさ》』に、下総国（千葉県）の物産として「葛西苔《かさいのり》是ヲ浅草海苔トモ云フ」とあるのが最初で、生海苔のままか手で押し広げて干したものであったらしい。浅草海苔の名の由来は、室町中期に太田道灌が江戸城を築いたころは、隅田川河口が浅草観音近くにあって海苔が採取されたからといわれ、海苔の採取場所が品川や大森になっても、門前町で賑わう浅草で販売したからという。

紙状に漉いて乾燥した浅草海苔が作られるようになったのは元禄のころといわれ、木や竹を海中に立てて海苔を付着させるヒビによる養殖が始まったのは享保年間（一七一六〜

心ぶとうり（菱川師宣『和国諸職絵尽』）

三六）といわれる。

ところてん　紅藻類テングサ科のテングサ（石花菜・凝海藻）を煮とかした液を、冷やして凝固させたもので、これを凍結乾燥すると寒天ができる。古くは心太《こころぶと》と呼び、室町初期の『庭訓往来《ていきんおうらい》』にもあるが、江戸時代には「ところてん」と呼ぶようになった。ところてん突きで糸状にして食べることは室町時代から行われ、江戸時代には夏に心太《ところてん》売りが売り歩き、江戸では醤油や砂糖をかけて食べ、京坂では醤油を用いなかったと『守貞謾稿』にある。

ひじき煮物　年中番菜録

油あげほそぎり　又こんにゃくなど取合せ

にしめてよし　油すこしいれにしめてもよし　白《しら》あへにてもすべし　上品なり

【解説】ひじきは鹿尾菜と書き、古くから庶民に親しまれ、江戸時代にはひじきを陽干にしてつき砕き、米にまぜてかて飯として用いられた。『料理物語』にもひじきの料理法は煮物、あえものとなっており現在と変らないが、ひじきは常備菜などとして、もっと利用することが望ましい食品である。

白和《しらあえ》は豆腐に白胡麻またはけしの実を加えて擂り調味した和衣《あえごろも》で、下味をつけた材料を加えたもの。現在はおもに精進料理に用いるが、江戸時代には魚介類の白和もある。室町時代からあり、酢を加えるものもある。

『精進献立集』の白和は「豆腐よくしぼり置き　白胡麻をいりよくすり　豆腐をまぜ少しみそを入れすりまぜ酢にてのばし　砂糖少し入れかげんしてあへる」とある。

茶《ちゃ》わん蒸《むし》　　素人庖丁

是は　浅草海苔《あさくさのり》にて仕立《したてる》なり　先《まづ》あさくさのりをほいろにかけてよく火とり　手《て》にてこまかくもみて　擂鉢《すりはち》に入すり　其所《そこ》へたうふ少《すこ》し　山《やま》のいもすこし（のり沢山に入たうふは三分いもは二分）入て

茶わん蒸（『素人庖丁』）

いかにもよく摺《す》り合し　前《まへ》のごとく飯《めし》のとり湯《ゆ》にて延《のば》し　さかしほ　醤ゆ　昆布汁《だし》かげんよくまぜ合　かやくの上より　程《ほど》よく茶《ちゃ》わんうつし蒸《む》して出す　上《うへ》にわりこせうをおくべし

【解説】現在の茶わん蒸は卵をだしで薄めて茶わんに入れ、魚、肉、野菜などを加えて蒸したもので卵料理であるが、江戸時代にはいろいろの茶わん蒸があったらしい。『料理山海郷』（一七五〇）の茶わん蒸は、鱧《はも》のすり身を水でゆるめて茶わんに入れて蒸し葛あんをかけたもの。

『料理珍味集』（一七六四）には、長崎パスディラの項に「茶碗の内を油にてふき葛を塗加役好《かやくこのみ》にまかせて入　玉子を堅くして蒸《むし》しめる茶わん蒸のかたき也　茶わんをはなし出す也」とある。『料理早指南』（一八〇一）には、うなぎの茶碗むしとして、玉子をくずしかけ茶わんで蒸す、現在と同様の茶わん蒸がある。ついで『素人庖丁』（一八〇三）には、引用した原文のほかに山のいも、豆腐、栗、ぎんなん、くわいなどを摺って使う茶碗蒸があり、卵液を使うあなごの茶わん蒸もある。このように見てくると現在のような卵を使った茶わん蒸は『料理珍味集』が初めてのようであるが、橘川房常の『料理集』（一七三三）には次のようなちゃわん玉子がある。

「ふわ〳〵のごとく　せうゆ酒にて塩梅仕　ちやわんへ入湯せんに仕候　取合は生貝せんたいうす身　いかせん　くるみ　木くらげ　こんにゃくせん　赤貝せん　とうふなどの内よく候　玉子ばかりも能く候　急にはかたまり不申物に候」とあり、現在の茶わん蒸と同じで、おそらくこれが初出であろう。

先に卵の章のふわふわ卵のところで述べたが『料理物語』の頃からあった器に入れて加熱するふわふわ卵を蒸すようになったものが茶わん蒸と考えられる。一方に山のいもや豆腐を使う茶わん蒸もあり、『素人庖丁』の頃は両方があったが、後、次第に卵を使うものが主流となったと考えられる。

原文の茶わん蒸は卵を使わず山のいもと豆腐に浅草海苔を加えたものである。

なお、『素人庖丁』には精進料理の茶わん蒸のかやくとして、「しめぢ、やきくり、きくらげ、たいらふ、皮ごぼう」があげてある。

玲瓏《こほり》とうふ　　豆腐百珍

干凝菜《かんてん》を煮ぬき　其湯にて豆腐を烹《たき》しめ　さましつかふ　調味《てうみ》このみ随《しだ》ひ

【解説】原文が簡単なので、形も調味も好みによって多様な玲瓏豆腐が考えられる。絹ごし豆腐を切り分けて平らな器に並べ、寒天液を流して冷やし固めるが、寒天液に調味しておいても、冷やし固めて一人分ずつ器に盛ってから調味した葛あんをかけたり、黒蜜をかけて菓子としてもよい。

寒天は、ところてんを凍結乾燥したもので、「凝《こご》りところてん」ともいう。江戸初期の万治年間（一六五八～六一）のころに京都伏見の宿で、食べ残したところてんを冬の寒夜、戸外に捨てておいたところ凍結し、翌朝陽が当たって解凍して乾物状になっていたことがきっかけで考案され「瓊脂《たまあぶら》の干物」の名で売り出された。寒天の名はこれを賞味した宇治万福寺の隠元禅師の命名といわれている。後には摂津、丹波、信州などでも製造されるようになり、精進料理の材料として普及した。はじめは水に戻しただけで、さしみのつまや吸物などに用いられたが、江戸中期ごろからは現在のように煮とかし凝固させて、寄物や菓子に用いられた。

一四

漬物

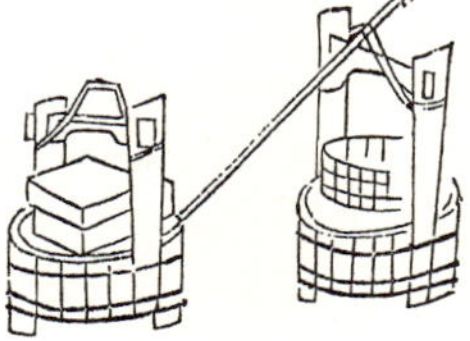

漬物の材料は野菜とは限らず、魚介類や肉類などもみそ漬や粕漬として保存するが、日常的な漬物は野菜を主とするものである。漬物の種類は野菜の漬物に限ってみても、材料の種類により、塩やみそなど添加する副材料により、また醱酵の有無などによって多種多様のものがある。副材料として現在用いられているものには、糠、塩、みそ、しょうゆ、酒粕、酢、からし、麴、もろみなどがあるが、江戸時代も後期には同様の種類は揃っており、漬物についてみれば現在よりも当時の方が多彩であったようである。

元禄二（一六八九）年の『合類日用料理抄』には塩漬、砂糖漬、南蛮漬、浅漬、一夜漬、甘酒漬、粕漬、あま漬などの名がみられ、天保七（一八三六）年の『四季漬物塩嘉言』には、六四種の漬物が記載されている。当時の漬物の種類もわかるのでおもなものをあげる

と、沢庵漬、刻《きざみ》漬、浅漬、菜漬、糠味噌漬、大根味噌漬、奈良漬瓜、日光漬、梅干《うめぼし》漬、青梅漬、千枚漬、印籠漬、渦巻漬、達摩《だるま》漬、雷干瓜《かみなりぼし》、茄子塩圧《しおおし》漬、紫蘇漬、桜花漬、塩山椒、辛皮《からかわ》、守口粕漬、西瓜粕漬、初夢漬、亀甲《べっこう》漬、麴漬、阿茶蘭《あちゃら》漬、蕗水漬、漬蕨、薤《らっきょう》三杯漬、三葉溜漬、土筆《つくし》粕漬、家多良《やたら》漬、塩松茸、糸瓜《へちま》粕漬、柚《ゆず》青漬、金柑塩漬などがある。

漬物を香の物ということは、当時もいまも同様らしいが『守貞謾稿』には、香の物とは本来味噌漬をさし、それは昔は味噌を香とよんだためらしいとある。また、京坂と江戸では香々と沢庵漬、浅漬と糠味噌漬のように、同じ漬物でも名称の違うものがあるが、糀漬、辛《からし》漬、味噌漬、梅酢漬などは三都とも同じである。江戸市民は毎冬沢庵を自家で漬けず一年分を練馬の農家に頼んで漬け、京坂では自分の家で漬けるとしている。

漬物を売る店を江戸では漬物屋と呼び、京坂では茎屋《くきや》と呼んだ。昔は大根などの茎漬を売ったからである。漬物屋では菜の塩押し、沢庵漬、茄子塩押、茄子酒粕漬、大根又は生姜の梅酢漬、梅干漬、らっきょう漬などのほか、嘗味噌《なめみそ》や煮豆も売っていた。店売りのほか荷をかついで売り歩く漬物屋もあった。

四季漬物塩嘉言

雷干瓜《かみなりぼしうり》

まるづけ瓜〔白瓜の異名〕の中實《なかご》をぬき永くむきて　一夜鹽押《しおおし》して　翌日《よくじつ》日にほすなり　其座にむきて　鹽をふりて干す事もあれど　それは當座喰《たうざぐひ》の料なり　一夜おしてほせばちぎれもせず　永《なが》くつながりて　うり一つが一筋《すぢ》になりて　能く干《ほし》あげて　一筋《すぢ》づゝ結《むす》びおくべし　久《ひさ》しく圍《かこ》ひ置には　白瓜を上品とす　丸づけよりは　皮《かわ》もやはらかく　つかりやうもはやし

捨小舟と雷干瓜（『四季漬物塩嘉言』）

【解説】　まるづけ瓜は丸漬瓜と書き、白瓜の異名であると辞書にあるが、原文では丸づけより白瓜が上品とし、別のものとして扱っているので明確でない。

雷干は白瓜をらせん状に切って干したもので、名称の由来は夏に作るので雷雨が多いからとも、巻いた丸い形が雷神の太鼓に似ているからともいわれる。むき方は瓜の両端を切り落して、長い箸で中の種をとり、箸をさしたまま瓜をまわして一センチ巾くらいのらせん状に切る。塩をふってしんなりさせてから一日陽にあてて干す。使う時は二センチくらいに切り、しょうゆをかけてもよく、また酢の物にもする。

白瓜は越瓜《しろうり》とも書き、江戸中期の方言辞書『物類称呼《ぶつるいしょうこ》』には「越瓜　京にてあさうりといふ　一種筑紫にてつけうりといふ有　江戸にてはなまるといふ」とある。

千枚漬　　四季漬物塩嘉言

紫蘇の葉を一枚づゝ能洗ひ　百枚二百枚段々と重ねて麻糸にてとぢ　ざつと湯をくゞらせて　板にはさみて水気をとくとしぼり　味噌桶の底に並べて　竹をわりて動かぬ様におさへおくなり　みその溜《たまり》自然としみわたりて　日あらずしてつくなり

【解説】これはみそ漬であるが、『料理山海郷』には塩漬の千枚漬があり「しその葉何まいも多くかさねしほ漬にする　押おもくかけて厚さ二分ばかりになるほどにして四方を去肴又香物に用」としている。

千枚漬というと京都名産の聖護院かぶの漬物を連想するが、しその千枚漬もなかなかよいものである。特に夏に青しそが育ちすぎて薬味だけでは使い切れない時によい利用法である。原文は百枚二百枚と重ねて、文字通りの千枚漬であるが百枚漬でもよく、味噌桶のかわりには適宜の器にみそを入れればよい。

四季漬物塩嘉言

阿《あ》茶《ちや》蘭《ら》漬

ほし大根を一寸斗《ばか》りに切　立《たて》に四つ割にきざみ　みづから昆布〔山椒の実を昆布で包んだもの〕　生姜　茗荷の子　塩押茄子《なすび》　つと麩　小梅干等を加へて　酒　醬油にて　酸《す》は梅の酸《す》を用ひて　當座漬につける

尤《もつとも》きくらげ　とうがらしを入べし　又蓮根　獨活《うど》　新牛旁　時々の品を加へるも可なり

【解説】現在は野菜類の酢漬で、唐辛子を加えた甘酢に大根、蕪その他の野菜を細かく刻んで漬けたものをいうが、江戸時代には魚介類のみのものや、魚と野菜を併用したあちゃら漬もあった。語源はペルシャ語の漬物の意味のアチャールであるという。

『料理網目調味抄』には「酢をいりあつきに漬る　酢一升　塩三合　なすび　はじかみ　めうがのこ　はす　牛旁　塩鯖　いはし　貝類」とあり、野菜と魚介類が材料になっている。

『料理山海郷』の阿茶羅漬は、「酢三升酒一升塩七合　三色合せんじ　二度にへたちたるをよくさましおき　何うをにても作り身漬る　寒中製して年中用ゆなり」と魚の漬物になっている。また『傳演味玄集』には魚介類と各種の野菜をとり合わせて、古酒と酢と醬油を等分に合わせて煮立たせさましたものに漬けておくものをあちゃら漬としている。材料は漬物に適するものならばあり合わせのものをいろいろまぜるとよく、漬汁とよくあうものは大根、昆布、生姜などである。

四季漬物塩嘉言

巻《まき》漬

ふとき大根　木口《こぐち》より薄くはやし〔切り〕よく干《ほし》てたくわへ置　塩蓼　生姜をほそ引きり〳〵とまき　輪とうがらしを帯にして三杯酢《ず》に漬おく

【解説】大根を薄い輪切りにして干してしんなりさせ、一枚ずつ塩たでと生姜を芯にしてかたく巻き、赤とうがらしの輪切をはめて帯にし、三杯酢に漬けるもの。芯は柚子の皮のせん切りと生姜のせん切りを使うと香もよい。荒巻鮭の細切りもよい。また、とうがらしの輪切りにはめるのは難しいので、刻み昆布（昆布を糸状に切ったもの）で結ぶとよい。

大根料理秘伝抄

大根早漬香物《はやづけかうのもの》

大こん長さ三四寸に切　竪《たて》に三つ切にして桶に入　上より熱湯《にへゆ》をかけ　あつき内に取出し　外の桶に入塩沢山にふり酒を少し打　押石かるめにかけてをく也　半時〔一時間〕ほど に上々の香物になる也　又糠豉《ぬかみそ》へ入るもよし　葉付大こんを漬るには　葉を上へして湯のかゝらぬやうにする也　漬やう同じ事也

【解説】大根に熱湯をかけてから漬ける点が珍しいので試作してみたところ、大層歯切れのよい漬物が出来た。大根が太い場合は八つ割くらいにし、長さは漬ける器に合わせる。器に大根をならべて熱湯を十分浸るほどに注ぎ、大根が中まで熱くなるまでおき、取り出して漬ける器にならべ、塩をふり酒を少量ふりかける。塩は大根重量の二パーセントくらいが適量。おもしをして二、三時間おいた方がよい。

このままでも食べられるが、これを糠みそに浅く漬けると風味がよい。『大根一式料理秘密箱』には、大根もろみ漬として「大こんを見合〔適当〕に切　小才《こさい》〔小さいさいの目〕にても何にても　ぬる湯にちよとつけすぐにあげ　塩を沢山にふり丼に入て　酒を少しづゝ打て　小石を押にかけをきて　よきかげんにしてすぐにもろみにてあへ出せば・　さつそく食するに風味一たん也」とある。

三《み》ツ輪《わ》漬《つけ》　素人庖丁

是は　大根《だいこん》のあまり太《ふとき》はわるし　中《ちう》なるものを　丸《まる》むき又は六角《かく》どふなりとも　皮《かは》をとりて　小口よりうすく切り　扱大こん壱本《いつぽん》に柚《ゆ》一ツ　是は皮《かは》とも小口より切　又とがらし二ケ　是も小口よりざく〳〵切て右三品《みしな》を　生醤油《きしやうゆ》に酒《さけ》すこし入　一所《いつしよ》に漬《つ》け置《をく》　たいてい味《あぢ》の和たる時《とき》　別《へつ》の鉢《はち》へ取合《とりあわせ》　汁《しる》も溜《ため》て出すべし　酒《さけ》の席《せき》には殊《こと》の外《ほか》よきものなり　又右のごとく漬《つけ》　五六日は置《をき》てもくるしからず　漬《つか》り過《すぎ》たるを好《この》む時《とき》も有《あ》るべし　常《つね》に漬置《つけをき》て　茶漬《ちやつけ》の時菜《ときさい》にして是又甚《はなはだ》よし

大坂切漬を漬ける（『四季漬物塩嘉言』）

【解説】三ッ輪とは大根、ゆず、とうがらしを小口から輪切りにし、輪切りが三種あるところからの命名と考えられる。大根は太いものはいちょうの薄切りにしてもよい。つけ汁は、はじめは濃く量が少なくても、漬けておくうちに大根から水分がでて材料が浸るようになる。ゆずの香りが高くて風味のよい漬物である。

大坂切漬《きりづけ》　　四季漬物塩嘉言

大根と蕪と等分に　葉茎ともにきざみ込て醬油樽ならば塩五合を入て能もみ合せ　強く押て漬るなり　十余日を経てざつと洗ひ　かたくしぼりて香の物鉢へ入置　菜箸《さいばし》にて自分の喰《くう》ほど手《て》塩皿《しほざら》〔小さく浅い皿〕へとりて

別にちいさき片口《かたくち》の器へ醬油を出し置　銘々にかけて喰なり　是《これ》醬油をかけすごしても捨《すた》らぬやうに利勘《りかん》〔損得勘定をした〕なる工夫なり　上方にては専らすることなり　歯切れよくいたつて淡薄なる風味なり

【解説】 大根を葉とともにきざみ、塩をふって一夜漬にすることは現在も行われている。十余日も漬けるのは当時の人の好みなのであろうか。カロチンの多い大根の葉の利用法として、よい食べ方である。

糠味噌漬　　四季漬物塩嘉言

萬家《ばんか》ぬかみそ漬のあらざる所もなければ　世《せ》俗《ぞく》には取遣《とりやり》せぬ物のやうにいひならはせしかど　とるにも足らぬ事共なり　又　新《あらた》には　急《きふ》に出来《でき》がたき物のやうに思ふやからもあれば　心得《こゝろえ》の為に爰にしるす　糠《ぬか》一斗　鹽五升　右糠《ぬか》の小米《こごめ》をよくふるひ取て　鹽五升に水五升を鍋《なべ》にて煮《に》かへし　寒の水なればひとしほよし　一夜さまし置き　糠《ぬか》にまぜて桶へつけるなり　せうゆ樽ならば、此分量にて見はからいあるべし。　あらたに拵《こしらえ》たる當座《たうざ》には　毎日たび〳〵手を入れて　掻き廻すべし　故《ふる》き澤庵《たくあん》大根を四五本糠《ぬか》のまゝいれ　生大根又は茎《くき》でも　時の有合ひもの　茄子《なすび》　瓜《うり》のた

ぐい　何にかぎらず　つけるたびごとに　鹽すこしづゝ入れてかきまわすこと肝要《かんえう》なり
かくして　十余日《よにち》を經《ふ》れば　糠《ぬか》よくなれて　故《ふる》き糠味噌《ぬかみそ》に異《こと》なることなし　又なれたる糠《ぬか》みそを　少《すこし》にても種《たね》にいるなれば尤もはやく　新糠《しんぬか》の匂《にほ》ひうせるものなり　ことさら　新《あたら》しきうちは　かんざまし　したみ酒〔枡などからしたたってたまった酒〕　醬油のおりなどあれば　いれてかきまわすべし　味噌《みそ》づけのみそ　又粕《かす》づけのかすなど　むざと捨《すて》ずして萬事心がけて捨《すた》らぬやうに　ぬかづけの中へいれべし　三十日ならずして　年久《としひさ》しくたしなみたる　ぬかみそにかわる事なし　時々《ときぐ》の物《もの》をつけて　其のあぢわいをこゝろむべし

【解説】糠に対する塩の割合が現在の糠味噌にくらべて大層多いが、これは塩の精製度の相違が大きな原因であろう。現在の糠味噌の分量は、ぬか五キロに塩三カップ、水四リットルくらいが目安になっている。その他の作り方はいまとほとんど同じである。

糠味噌は本来は味噌の一種として作られて調味料として用いられ、糠味噌汁という汁物もあった。普通の味噌の材料は大豆、米麴、塩であるが、糠味噌はじんだまたは五斗味噌と呼ばれて、普通の味噌に増量剤として米糠をまぜたものであった。五斗味噌というのは大豆、米糠、麴、塩、水をそれぞれ一斗ずつ合わせて五斗で作ったからといわれている。後世になるとこの中から大豆と麴が除かれて現在のような漬物専用の糠味噌になったという。

また、原文には見出しの糠味噌漬の下に「又どぶ漬ともいう」と注があるが、現在でも関西には糠味噌漬をどぶ漬と呼ぶ地方もある。しかしどぶ漬は糠味噌漬よりも漬床の水分が多く、発生の起源も相違しており、本来は別のものともいわれている。

よろづつけ物の事　萬聞書秘傳

いろ〳〵つけ物つけやう　かん〔寒〕の内ゆき一斗にしほ三升入てをきて　竹のこ　松たけ　うり　なすび　青むめ〔梅〕　このほかなに〻ても　久しくをきたきものを　この水に入をくべし　又とりさかなをつけたきときは　水をくみわけべち〔別〕につけべし

くさぎのは　かうの物につけやう　葉をよきころにかさねて　こんぶか又わらのみご〔わらしべ〕にて二所をとぢてむして　かすかみそなどにつけてをくべし

【解説】実際に応用するというのではないが、江戸初期の漬物の例として原文をあげた。雪に塩を加えて野菜類を漬けておくのは塩蔵と同時に冷蔵である。

くさぎは臭木と書き、葉や樹に独得の臭気がある。いまでも山野に自生するが、昔はくさぎの若葉を食用としていた。ゆでて和え物や浸し物にしたが、漬物にも用いたのであろう。

一五

菓子

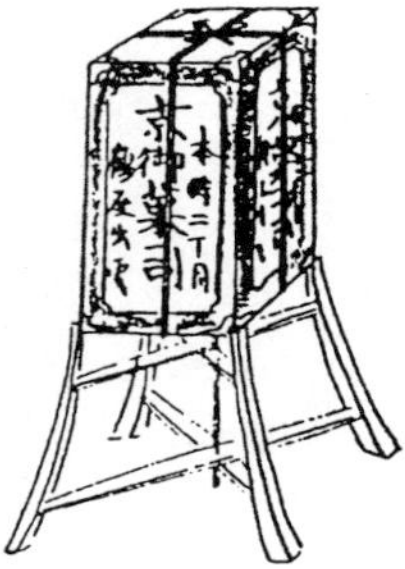

「菓子古は桃柿梨栗柑子橘の類の凡ての菓実を菓子と云こと勿論也　今世は右の菓実の類を　京坂にて和訓を以てくだものと云　江戸にては水ぐわしと云也　是干菓子蒸菓子等の製ありて　此類を唯に菓子とのみ云ことになりしにより　之に対して菓実の類は水菓子と云也」

これは『守貞謾稿』の菓子の定義である。江戸初期の『料理物語』にも菓子之部はあり、玉子素麺、おこし米、牛房餅、葛焼もち、葛餅、蕨餅、雪餅、杉原もち、枸杞《くこ》餅、五加《うこぎ》餅、ちまき、さゝ餅、御所様餅、近衛様雪餅の一四種があげられている。

しかし砂糖が一般に普及したのは江戸時代後半期で、同時に菓子の種類も豊富になった。『料理伊呂波庖丁』(一七七三)には、菓子の名が蒸菓子七六種、干菓子四六種、水菓子

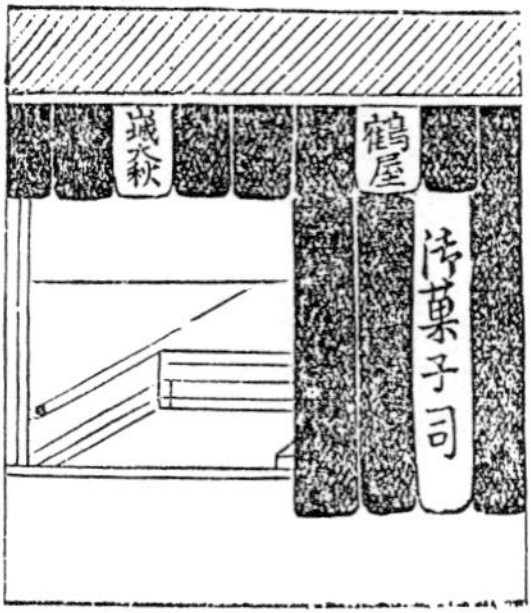

京坂の菓子屋ののれん　章見出しのカットは江戸の菓子屋の看板(『守貞謾稿』)

(くだもの)二五種あげられている。まんじゅう、ようかん、餅菓子、せんべい、らくがん、飴など現在の和菓子の類はほとんど見ることができる。

菓子類は現在と同じく自家製よりは専門の菓子屋で売られ、それぞれの菓子について有名店があった。安永の頃(一七七二～八一)、江戸で有名な菓子屋は次のようであった(『近世日本食物史』より引用)。

中橋の林氏塩瀬(饅頭)、**本町の鈴木越後**(唐菓子)、**本町の鳥飼和泉**(饅頭)、**元飯田町の壺屋六兵衛**(饅頭)、**石町の金澤丹後**(松風)、**吉原の竹村伊勢**(せんべい)、**浅草の茗荷屋小兵衛**(かるやき)、**豊島町の米屋吉兵衛**(白雪糕)、**和泉町の虎屋高林**(きんとう餅)、**神田の丸屋播磨**(求肥あめ)、**両国の小**

松屋儀兵衛（幾世餅）、麹町の橘屋太兵衛（助總やき）、浅草の両国屋平左衛門（大佛餅）、鍛冶橋の眞猿屋（柚もち）、照降町の翁屋太兵衛（翁せんべい）、浅草の桔梗屋彌惣兵衛（金龍山浅草餅）、音羽町の若狭屋吉兵衛（あみがさもち）、伊勢町の大和屋彌四郎（白玉もち）、新材木町の伊勢屋七郎兵衛（わこくもち）、深川の雁金屋茂左衛門（かりがねやき）、本所の那須屋彌平（今川やき）、尾張町の伊勢屋平次郎（うすゝ間せんべい）、久松町のしなのや（うきよしんこ）、浅草御蔵前の玉や（御所おこし）、目黒の桐や（あわもち）、目黒の川口や（あめ）。

『守貞謾稿』には菓子屋について次のように書かれている。京坂の菓子屋は看板のかわりに暖簾《のれん》に店の名を書き、品名などは板に書いてつるした。江戸では蒸籠の形をした箱を四本脚のわくの台にのせて路上に出して看板とした。街の菓子売も宝暦（一七五一〜六四）以後は多くなり、面白い扮装をしたりして売り歩いた。また、飴細工屋や新粉《しんこ》細工屋もあった。

すゝりだんご　　料理物語

餅米《もちこめ》六分　うる米《こめ》四分の粉を　水にてやはらかにこね　むくろじほどに丸《まるめ》　あづきのし

ぼりこにてよくに候て　塩かげんすいあはせ　白ざたうかけ候て出しよし

【解説】原文の小豆のしぼりこがよくわからないが、搾り粉、即ち漉しあんと解釈した。とすれば、現在の白玉だんご入りのお汁粉と考えられる。『古今名物御前菓子秘伝抄』のすすりだんごは「たうほし餅米の粉湯にてこね　ちいさく丸め湯に入　煮申候時上へうき申候　是を又ぬるゆの中へうつし　小豆を煮すりつぶし能きかげんにして　右のだんごをいれ出し申候」とあり、白玉だんご入りお汁粉のようである。たうほしとは唐法師と書き、大唐米のことである。『料理秘伝記』には、浮麩の名で、原文とほぼ同じすすりだんごがある。なお『料理物語』では、すゝりだんごは「後段之部」にある。

まきゞぬ　　料理早指南

まきぎぬは　上々のうどんの粉《こ》　白ざとうとしやうゆ　水をくはへねり　やきなべにごまのあぶら引て火《ひ》にかけ　右のうどん粉をながし　かなべらにて引かへしやけば　うすききぬになる　それに長いものこしたるをしんに入て　巻《まき》せんべいほどにまき　又すこしやきなべにてやくなり　但しあまりやきすぎると　きぬくだくる也　大がいいろのかわりた

るをほど丶すべし

【解説】和風クレープである。小麦粉の薄皮にいろいろなものを包んで食べる料理は世界各国にあり、近いところでは中国の春餅《シュンピン》、韓国の九折板《クジョルパン》などがある。

皮はきぬのように薄く焼くので要領はクレープの場合と同じである。しんに入れるものは長いものあんに限らず、小豆あんやその他のものを工夫するとよい。皮は、砂糖としょうゆを少し加えてあり、皮自体の風味もよい。

ふのやき　古今名物御前菓子秘伝抄

小麦を水にてしるくこね　ちいさき平銅鍋にくるみの油をぬり、少しづつ入　うすくひろげやきて　むきくるみをきざみ　山椒味噌　白ざとう　芥子《けし》を中へまきこめ申候

ふの焼《やき》の方　合類日用料理抄

ふすま一斗　塩《しほ》　中蛤《はまぐり》に一盃《はい》　右水にて麩《ふ》を取申程のかげんにこね　能もみ合一夜《や》置

扨水少入　又もみ入　布《ぬの》の袋《ふくろ》に入しぼり　つねのごとく焼《やき》申候　みそ　さんせう　くるみ
白ごま右よくすり　すいのうにてこし　あんに入申候

ふの焼

料理集（橘川房常著）

うどんの粉さとう水にてこね　麦のごとくうち候て　まんぢうあんを入丸く仕　長一寸
七八分に切　焼鍋にて焼申候

【解説】ふの焼は麩の焼で、麩はグルテンであるから、『合類日用料理抄』のふの焼が原形に近いものであろう。ふすまに水を加えてこねていると、ふすまに残っていたグルテンが得られ、それを焼いて、みそその他のものを包んで食べる。『料理集』では、小麦粉にさとう水を加えて、うどんよりやわらかくこねてのばし、あんを入れて細長く丸め、長さ五センチくらいに切り鍋で焼く。

同じふの焼でもかなり違っているが、作りやすく味もよいのは『古今名物御前菓子秘伝抄』のふのやきである。

『利休百会記』によると、千利休は茶会にふのやきをよく用いている。幕末の『守貞謾稿』には、延宝年中（一六七三〜八一）の江戸名物をあげた中に「麴町の助總のふのやき」がある。これは助總焼とよばれるふのやきの一種で、江戸名物として人気があったが、明治になってすたれたという。

牛房餅《ごばうもち》

料理物語

ごばうをよくゆにしてたゝき　すりばちにてすりをき　さてもち米《こめ》六分うる四分のこにさたうをくはへ　牛房《ごばう》と一つにすりあはせ候　沙糖過《さたうすぎ》候へばしるくなり申候　さてよきころに丸めゆにをして　ごまの油にてあげ申候　その後さたうをせんじ　そのなかへいれに申て出し候　ごばうさたうのかげんは　まるめ候時の口伝《くでん》在之

牛房餅の方

合類日用料理抄

一　牛房能煮て細にさく　一　餅米の粉　五合　一　粳《うる》米の粉　五合
右さき牛房と一つにさたう心次第に入　これかげん如レ常　作り様大栗程にし　厚さは少平めにし　せいろうにてむし　是を油にてよくあげ申候後に　せんじたるさたうか蜜に

つけ　二三日も後に出し申候　但牛房は三分一粉は大め也　又串にさしさんせうみそ付焼候ともよく御ざ候

【解説】牛房餅は、ごぼう入りのだんごを油で揚げて、砂糖液につけて食べるものである。作ってみると甘いお菓子にごぼうの風味が珍しく、串にさして山椒みその付焼もあいそうに思われる。原文二つはほぼ同じであるが、丸めたものをゆでると蒸すの違いがある。どちらによっても結果にはほとんど差はない。

雪餅《ゆきもち》　料理物語

うるの米一升　もち三合《がう》をよくこにして　水にてそとしめし　せいろうに布《ぬの》をしき　米《こめ》のこをふるひ入てよくむし候　間へ串柿《くしがき》　栗《くり》　かやなども入候　黄《き》にいたし候は　くちなしの汁にてこをしめし候

【解説】米の粉をこねて蒸すのではなく、粉のままで蒸す手法は珍しいが『新編異国料理』の雪粉糕《すいらんこう》は雪餅とよく似ている。

「糯米　粳米等分にして粉にし水を少しふりまぜ合せ　米篩《こめとおし》にて蒸籠《せいろう》の内へふるひこみ粉の厚さ二三分にして蒸立　よく蒸上りたるを折敷《おしき》やうの物にうつし　少しさめたる時上に白砂糖を一面にふるひかけ　其外○紅糸《ほんすう》〔梨子を薄くきり生円寺《しやうえんじ》にて染砂糖につけ糸切にしたるをいふ〕○瓜子《くつあつう》〔西瓜の核《たね》なり〕○橙子《づえんつう》〔柚子青きうちにとり皮を薄くへぎ砂糖漬糸切にしたるをいふ〕右三味を少しづゝ上に置一寸四五分角に切なり」

雪粉糕は中国の菓子であるが、現在同様のものがあるのかどうかは知らない。韓国の盒餅（トウトブトック）は同じ手法でさらに洗練されたもので、米の粉の上下に調味したあんの粉をしき、中身のあんにはなつめ、栗、松の実などをきざんで入れる。また米の粉自体にも砂糖と少量のしょうゆで調味してあり、かつて宮廷で用いられたという高級菓子である。雪餅はそれらにくらべ、ごく素朴なものであるが、それなりの味わいがある。

柚べし　料理物語

柚味噌のごとく口をきり実をすて　味噌　生姜　胡椒などよくすりて　かや　ごま　あんにん〔杏仁《きようにん》と同じ、あんずの実の核中の肉〕そのまゝ入まぜてふたをあはせからげ　よくむしてほし　あまにつり候てよし

柚餅子《ゆべし》　料理早指南

米の粉五合　柚大五つ　かはとたねをさりよくたゝきよくすり　味そよきほど白さとう入よくすりまぜ　毛すいのうにてこし　古酒盃に五はい入　米のこ入てよくもみ合せ　せいろうに入てむしあげ日に干す也　但し米の粉の所をどうめうじにてするも吉　又柚《ゆ》の皮《かは》白の所をすきとり　これにつめてむすもよし　又みかんの皮に包てよし　或みそを加へずたまりにてするも吉　又粉とうがらしを入るもあり　ころがきすりて入るもあり

【解説】柚べしは現在も各地に名物菓子としてあるが、柚べしほど同じ名でありながら姿がさまざまな菓子は他にない。求肥《ぎゅうひ》に柚の香をつけたようなものが多く、棹型やまんじゅう型、くるみその他のまぜ物にもいろいろある。全国各地の柚べしの比較をしてみたいとかねてからこころざし、旅行の折には柚べしを買うようにしているが、なかなかはかどっていない。その中での逸品は石川県輪島市のもので、柚子の姿のままの丸柚べしである。そして江戸時代の料理書にみる柚べしにも最も近い。

本来柚べしは甘い菓子ではなく塩味の酒の肴によいものであり、年月と共にだんだん甘くなってきたらしい。『料理物語』の柚べしには甘みはなく、一六〇年後の『料理早指南』では白さとうや米の粉を入れ現在のものに近くなっている。『萬聞書秘傳』の「ゆべし」の項には二通りの作り方が書かれているが、その一つは『料理物語』の原文と全く同じ文章であって、この両書の関係や、その出典について興味をそそるものがある。

一六

珍奇な料理

料理書を読んでいて、何もこうまでしなくてもと思うものや、出来そうもない現実味のないものを時折見かけた。そのようなものをいくつか集めたのがこの章である。

食物の故事来歴を書いた本に、江戸木屑庵著『虚南留別志《うそなるべし》』というものがあり天保五（一八三四）年に刊行されている。現在も使われている湯葉《ゆば》は湯婆であって、出羽の国湯殿山下の婆々《ばば》が作りはじめたので湯婆というような、こじつけらしい内容で、作者自ら「うそなるべし」を書名としている。当時の庶民生活では、人をかついで楽しむ事も楽しみの一つであり、食生活においてもユーモラスな話題を求めたのであろう。

次頁の図は『日本山海名産図会』の章魚《たこ》の項の挿絵であるが次のような話である。「越中富山滑《なめ》り川の大鮹《たこ》は是亦牛馬を取喰い　漁舟を覆して人を取れり　漁人是を捕うに術な

し　故に船中に空寝《そらね》して待てば鮹窺い寄て手を延　船のうえに打かくるを　目早く鉈《ほこ》をもつて其足を切落し速かに漕ぎかえる　其危きこと生死一瞬の間に関《あずか》る　誠に壮士の戦場に赴き　命を塵埃よりも軽んずるは　忠又義によりて人倫を明かにし　或は天下の暴悪を除かんがためなり　されども鮹の足一本にくらべては　紀信義光が義死といえどもあわれ物の数にはあらずかし　右大鮹の足を市店の簷《のき》下に懸れば長く垂れて地にあまれり　又此疣《いぼ》一つを服して一日の食に抵《あ》つとも足れりとなり」

これも話の種の一つのようである。

食卓が家族団らんの場であるならば、時には珍奇な料理で楽しむのも一つの工夫であろう。

越中滑川の大鮹（『日本山海名産図会』）

水柱吸物《つらゝのすいもの》　　料理珍味集

しほ湯　炭火にてわかしたるに　随分ふとき氷柱を　よきほどに折て入出す　暫解ず

【解説】意表をつかれるというか、あ然とする料理である。しかしまた楽しい料理でもある。この『料理珍味集』の刊行された宝暦十四（一七六四）年は、東北地方から北関東にかけて起きた宝暦五年の大凶作、十二、三年の凶作から間もない頃である。食糧不足からの氷柱の吸物と考えると、何ともきびしい話になるが、軒先のつららを折って汁に浮かせて、キラキラ光る氷の美しさを、解けるまでの暫くの間楽しむゆとりと考えたい。

夏の暑い日に、濃い目の吸物に冷蔵庫の氷を浮かせ、三つ葉など添える氷の吸物も一興かもしれない。

目くり餅　　料理珍味集

奉書紙《ほうしよかみ》　三日ほど水に漬　成ほど能たゝきつぶし　葛を合て味噌汁にてこね　能程に切

て　みそ汁にて煮る　此餅を食《しよく》する者は　年中悪病《ねんぢゆうあくびやう》を除く也　夏土用《なつとよう》中に用ゆ

【解説】奉書紙の原料は楮《こうぞ》の繊維であるから、この目くり餅の主成分は最近重要視されるようになったダイエタリー・ファイバー、すなわち食物繊維である。食物繊維の働きとしては、消化管への刺戟による便秘防止、腸内細菌が作る毒性物質の排除促進などにより腸疾患を予防するので、悪病とはその種の病気であろうか。

饅頭卵《まんぢうたまご》の仕方《しかた》　萬宝料理秘密箱

煎貫卵《にぬきたまご》の　上皮《うはかわ》をとり　卵の横《よこ》の所《ところ》を　すこし立《たつ》にきり　中《なか》の黄味《きみ》を　竹《たけ》の串《くし》にて　ほり出《だ》しすて　扨《さて》右の跡《あと》へこし餡《あん》をいれ　扨切目《きりめ》入レし小口《こくち》へ　生《なま》の白味《しろみ》をぬり　すこし遠《とを》火《ひ》にて火《ひ》とり　熱湯《あつゆ》へ暫《しばら》くつけてとり上ケ　かみにまき　手《て》にて丸《まる》くメ《しめ》て　平メ《ひらめ》に押付《おしつくる》べ・し　しばらく其まゝに　よく冷《さま》して　平《ひら》めの方《ほう》をすこし焼目《やきめ》付るか　又文銭《ぶんせん》を焼《やき》て　上に置《おく》かすれば　まんぢうのごとく　遣《つか》ひ方《かた》は　何《なに》にても　手取《てとり》ざかなに宜《よろ》し

【解説】ゆで卵の殻をむき、横を少し切って、そこから黄味をとり出す、あとへあんを入れて、まんじゅうらしく形を作るもの。試作してみると黄味が多少は残り、ゆで卵とあんの取合わせはかなり珍奇な味わいである。

磤馭盧島《おのころじま》　料理珍味集

玉子《たま》白《しろ》みばかり　壱人前に玉子十五　切たての青竹へ入　口を竹のかわにて能しめく、りて　竹を竪《たて》にして　朝《あさ》より昼《ひる》迄　上へ下へふりて　昼比《ひるごろ》にいたり　竹の内に丸きもの出来る　吸《すい》もの汁こしらへをき　右の丸き物を入能《ヨク》煮る　相手《あいて》はじゅんさいよろし　玉子は口中に入て　消《きゆ》るやうに覚ゆ　人数《にんしゅ》あらば　右の通別々《べつべつ》に拵《こしらゆ》るなり

【解説】おのころ島とは「自（おの）凝（ころ）島」の意味で、自然に凝ってできた島をいう。神話に伊邪那岐《イザナギ》命と伊邪那美《イザナミ》命が玉矛《ほこ》で海中を探り、矛の先から垂り落ちた塩がかたまっておのころ島が出来たという。

この料理は卵白を泡立て、吸物の椀種にしたもので、命名の卓抜さはあるが、とくに珍しいものではない。作り方に珍奇さがある。第一に一人前に卵一五個分の卵白とはどういうことであろうか、昔の卵は小さかったかも知れないが、一五個分はいかにも多い。吸物

の椀種としては四人前で一個で十分である。第二に青竹の筒へ卵白を入れて朝から昼まで振っているのも現実的でない。卵白は泡立器を使わなくても、少量ならば試験管に入れて上下に振っても一分たらずでよく泡立つ。このように非現実的であるが分量といい時間といい、おのころ島にふさわしく大きな大きなお話として書かれたもののようでもある。

金糸卵《きんしたまご》　萬宝料理秘密箱

卵の白味をとり半紙にて漉し　金箔のふり粉をすこし宛入れ　竹の串にてそろ〳〵とかきまぜ　扨平鍋に湯を煎《わか》し　水仙鍋にてゆせんに焼べし・是は右のなべの底に胡桃《くるみ》の油を引べし・遣《つか》ひやうはよく〳〵冷《さま》し巻て小口切にうすくきるべし・又是をのばしていづれに□も遣ふべし・鱠　指身　二《に》三《さん》の汁　吸もの　生《いけ》もり　小皿もの　作魚《つくりみ》の取合せ　其外見合すべし・

【解説】現在金糸卵といえば、全卵をといて薄焼きにしてせん切りにしたものである。この金糸卵は卵白に金粉を入れて、湯煎で薄く凝固させ、細く切った、金入りの金糸卵である。

『萬宝料理秘密箱』には、ほかに卵白に銀箔の粉を入れた銀糸卵、鍋墨を入れて黒くしたかもじ卵、生燕脂《しようえんじ》を入れた紅焼卵などがあり、作り方は金糸卵と同じである。また、青菜をきざみ、その汁を入れた青海《せいかい》卵、何も入れない白髪《しらが》卵もあり、卵白にいろいろの色をつけて、料理に色どりを添えたのであろう。黒くするために鍋墨を使うのには抵抗があるが、当時はかまどで薪を使って炊事するため、鍋底につく煤《すす》は身近なものであり、菓子その他にも黒くするためには鍋墨が用いられている。

黄味《きみ》返《かへ》し卵の仕方　萬宝料理秘密箱

地《ぢ》たまごの　新しきを　針にて頭の方へ　一寸ばかり穴をあけ　扨能糠味噌へ　三日ほど漬おきて　取いだしよく水にて洗ひ　煎貫《にぬき》にすれば　中の黄味《きみ》が外へなり　白味《しろみ》が中へ入る　是を黄味返しといふ　遣《つか》ひ方は　前に同し

【解説】黄味返し卵は話題になり、試みた方も多かったようであるがこの方法で成功した話はきいていない。試作するにあたっては次のようなことを考えた。頭の方へ一寸ばかり穴をあけるというのは、気室のある鈍端の反対側のとがった方へ二・三センチ程穴をあけるわけで、卵の高さは約六センチあるから十分卵黄の中心に達する穴である。従って卵黄膜は破れる。卵黄の比重は一・〇三八、濃厚卵白の比重は、一・〇五四で卵黄の比重の方が小さいので静置すれば卵黄は上昇する。新しい卵と指定してあるのは、新しい卵は水様卵白より比重の大きい濃厚卵白が多いからではあるまいか。これを三日程糠味噌に漬けておくわけであるが、糠味噌は酸性で塩分が多いからたん白質を凝固させる性質がある。卵白はたん白質の水溶液ともいえるから、糠味噌は卵白が凝固しやすい環境である。その中に卵を三日ほど静置すると卵黄は卵白の穴を通じて上昇する。卵殻の穴をふさいで、ころがしながら卵をゆでると、卵黄は卵白の周囲に位置するようになる。凝固温度が卵黄の方が卵白より低いことも好都合で卵黄が外側のゆで卵が出来る。

ところが実験の結果は失敗であった。ゆでたものを切ってみると、卵黄はたしかに上昇してはいるけれども、卵白の外側に移行することは全くなく黄味返しにはならなかった。原文の解釈に誤りがあるのか、著者の器土堂主人が、どこかで笑っているのかどちらかであろう。

大平《たいへい》でんがく

豆腐百珍続編

一間四《いつけんよ》方《はう》の大爐《おほひばち》をこしらへ　炭火《すみび》を一はいに焔々《ゑん〳〵》とおこし　田楽串《でんがくくし》の尾《しり》を尖《とがら》し　未曾《みそ》をでんがくにぬり　新《あたら》しき畳《たゝみ》を四でう用意《ようゐ》し　其《その》うちに密《ひし》とでんがくをつき刺《さし》　大爐《おほひばち》のぐるりへたてるなり　尤《もつと》も田楽《でんがく》は火より二尺四五寸上にあるやうに刺《さす》なり　万民腹《ばんみんはら》を鼓《こ》して楽《たの》しみ　かくいろ〳〵の趣向《しゆかう》をなして飲食《のみくらふ》も　治《おさま》る御代《みよ》のためしなるべし　萬歳《ばんざい》々々萬々歳

田楽の箭さけび高し御代の春

【解説】 大きくておめでたい料理であるがお話めいて珍奇である。『豆腐百珍続編』は天明三（一七八三）年の刊行で、有名な天明の飢饉の年である。この年と翌四年には、関東と奥羽は大凶作となり奥羽の死者は数十万といわれている。戦中戦後の食糧不足の体験者としては、このおめでたい料理に、空腹をかかえた人々の、はかない夢を感じてしまう。

一七

食禁

食品化学の進歩した現在では、迷信としてほとんど問題にされない食禁が、江戸時代には食生活の中に根づいていたようで、貝原益軒の『養生訓』や、本草書（薬になる動植物について書いた本）の類にみられるが、料理書の中にも食禁についてふれたものが多い。食禁とは食べることを禁ずることで、喰合わせの禁と月ごとの禁とがある。喰合わせは単独で食べた場合は支障がなく、二種以上を同時に食べた時障害が起こることをいう。化学的にはほとんど根拠がないようであるが、材料の腐敗による中毒、食べた人の体質や消化器の状態などによって起こった障害をみて、食禁としていましめたようで、腐敗しやすい食品や、消化しにくい食品があげられている。月禁はその月に食べることをいましめたもので、現在でも牡蠣《かき》については、Rのつかない月には食べるなといわれるのと同様である。

料理書ではないが『和歌食物本草』は寛永七（一六三〇）年から何度も板を重ねて広く読まれた本草書で、二四〇種余りの食品をいろは順に並べて、その能毒を和歌の形式で述べ、食禁についても記している。食品の中には現在では思いも及ばないものも含まれており、次のようなものもある。「猫はたゞ　あま《甘》すゆく《酸》して　冷のもの　らう《労》さひ《瘵》によき《良》くすり《薬》なりなりけり」「鼠こそ　あぢはひ《味》すゆく《酸》　どく《毒》もなし　よう《癰》そ《疽》はれ《腫》もの《物》　かさ《瘡》くすりなり」

次に料理書と『和歌食物本草』の中から食禁に関する部分をとりあげて食品群ごとにまとめてみた。出典は番号で各項目の上に記した。

①和歌食物本草　（一六三〇）
②茶之湯献立指南　（一六九六）
③料理集（橘川房常著）（一七三三）
④傳演味玄集　（一七四五）
⑤当世料理筌　（一八〇八）

喰合わせの禁物

魚介類

①かめ《亀》にひう《莧》ふく《腹》ちう《中》にかめ《亀》をしやう《生》ず
①はへ《鮠》にきじ《雉》らい《癩》ひやう《病》をしやう《生》ず・
①ふな《鮒》にから《辛》し《子》き《気》しゆをわづらふ
①ふな《鮒》にさ《砂》たう《糖》かん《疳》のむし《虫》をしやう《生》ず・
③鮒に　からし　あめ　きじ　さる　にんにく　には鳥　かのしゝ　さとう
④鯽《フナ》に　砂糖《サトウ》　辛子《カラシ》　雉子《キシ》　鶏
①こひ《鯉》にひし《菱》はのと《喉》にかさ《瘡》をしやう《生》ず・
③鯉に　には鳥　いぬ　こせう　なづな　ろくつ
④鯉に紫蘇《シソ》　コセウ　青梅　小豆　納豆　天門冬
②料理にかにを出してじゆくし柿《カキ》を食《ショク》すれば大に食傷《ショクセウ》す
③かにに　かき　みつかん
②にしに　こんにやく

②どでう汁を食《ショク》してところを食《ショク》すればたちまち死《シ》する

②鰷《アユ》のすしに　むし米《コメ》　指合《サシアフ》

③鮎に　きじ　かのしゝ　いのしゝ

③うなぎに　いぬ

④鰻に　銀杏《キンナン》　辛子

③ぶりに　あぶら類　もち

獣類

①いのしゝ《猪》はしかみ《薑》大風をわづらふ

③いのしゝに　せうが　いりまめ　鹿　つる　そば　うし　梅

①うさぎ《兎》にはじかみ《薑》くわくらん《霍乱》をなす

鳥類

①きじ《雉》にいのしゝ《猪》はらくだる《腹下》ときやくす《吐逆》

①きじ《雉》にくさひら《菌》痔《ぢ》をおこす《起》

③雉子に　そば　ふな　かのしゝ　きの子　あゆ　くるみ

③には鳥に　にんにく　すもゝ　もち　うさぎ　さる　からし　ねぎ　こい　いぬ

③かもに　くるみ

野菜・茸類

③なづなに　こせう

③せうがに　猪　馬　牛　兎

③からしに　ふな　には鳥　うさぎ

③木の子に　雉子

③ところに　うめ

果実類

①かき《柿》にかに《蟹》にはら《腹》くたり《下》いたむ《痛》

①あんす《杏子》にくり《栗》ときやく《吐逆》しはら《腹》くだる《下》

③くりに　うし

③すもゝに　みつ　には鳥　すゞめ　かも

③びわに　めん類

⑤びわと焼肴一時に食ふべからず

穀類

①かゆ《粥》のゝち《後》ねりゆりんびやう《淋病》をしやう《生》ず・
②そば切を食《ショク》し水瓜《スイクワ》を食《ショク》すれば其儘《マヽ》食傷《ショクセウ》す
③そばに　かき　きじ
④蕎麥に西瓜《スイクワ》　苣《チサ》　是等は半日忌む可き也
③もちに　柿

酒

①さけ《酒》のゝち《後》にじゆくし《熟柿》がむね《胸》いた《痛》む
①さけ《酒》のゝち《後》にからし《辛子》すぢほね《筋骨》をゆるく《緩》す
①さけ《酒》のゝち《後》にくるみ《胡桃》かうへ《頭》うづく《疼》
①はいのいり《入》たるさけ《酒》にかに《蟹》ち《血》をはく《吐》

その他

③玉子に　もち米
③ろくつ〔ろく豆、緑豆《りょくとう》・八重なり〕に　かやのみ　こい
③すしに　みつ　ひしほ　ろくつ
①みつ《蜜》にさたう《砂糖》ゑび《蝦》にかに《蟹》くわくらん《霍乱》をなしはら《腹》くだ《下》す
③さとうに　ふ　竹の子

毎月の禁物

一月　①なまたで　なまひともじ〔生の葱〕なし　たぬき
③たで　なし
⑤狸肉此月くらへば神を損《そんず》　葱《ひともじ》此月くらへば顔に腫物を生ず　梨蓼よろしからず
鰤魚頭《ぶりのかしら》春は虫あり食すべからず　鳥獣魚類の肝　酸《すき》もの春は喰べからず

二月　①たぬき　にわとりのたまご　たでのほ　九日に魚を食せず
③たで　玉子　なし　悪心
⑤兎肉此月くらへば神をやぶる　鶏卵此月くらへば心をやぶる　黄花菜《こうくはさい》此月くらへば癇疾を発す　陳俎〔古い漬菜〕此月くらへば癇疾を発す　日陰流水《ひかげのりゅうすい》此月呑ば瘧疾

を発す　梨子《なし》此月食事あし丶すべて生冷《せいれい》なる物を喰ふべからず　酸物《すきもの》　大辛《おほひにからき》物《もの》此月くらふべからず　にんにく此月くらへば気をふさぎ　志性を破る　韮此月くらへば大益ありと千金方に出づ

三月　①にんにく　たでのほ　とり　けだ物かのえ《庚》とら《寅》の日うを丶いむ

③たで・

⑤小蒜《ひる》　鶏卵《たまご》　鳥獣の五臓　なまのらつきやう　韮《にら》此月食すべからず　熱病を発する也

四月　①きじ　うなぎ　ひともじ　にんにく

③雉子《きじ》　油こき物　肥濃　煮餅

五月　①もち　此月は君子はいんじをつ丶しみあぢはひをうすくして食す

③油つよき物　煮餅

⑤冷物及び生瓜蜂蜜を忌む　びわと焼肴一時に食ふべからず　谷川の停《たまり》水を飲べからず　魚鼈《ぎよべつ》のよだれ水にあり　是をのめば瘕となる

六月　①がん　あひる　さは《沢》水

③沢水　鴈

⑤生冷《せいれい》をくひのみするをいむべし　韮《にら》　鴨　雁　此るいあまり宜しからず

七月　①ひし　あざみ　がん　蜜
③鴈　みつ漬
⑤雁肉《がんのにく》　思邈《しはく》云此月食へば神を破る　又礼記に此月食へば人に益あらず　蓴菜《じゅんさい》　李
廷云七月虫多く著《つ》く　此を食へば霍乱《くはくらん》せしむ
八月　①にんにく　はじかみ　かに　にわとりのたまご
③玉子傷神　せうが損寿
⑤生姜八九月食ふべからず　茄子秋の後多く食ふべからず　目を損ず　烏芋《くろくわい》小児に
宜しからず
九月　①はじかみ　かに　からうり
③かに　きふり
⑤生姜　八九月多く食へば春に至りて眼を病む　寿を損じ筋力《すじほね》を減らす　妊婦これ
を食へば生るゝ子六指ならむ　冬瓜《とうぐは》今月食へば反胃《ほんゐ》を病む　霜ふりて後食ふべし
十月　①いのしゝ　さんせう
③山枡　損心
⑤山椒を多く食へば血脈を破る　にらを食へば涕《はな》多く出る　霜に枯たる菜を食へば
面《おもて》のいろを損ずとなり

十一月①おしどり　かのしゝ《鹿》　かめ
③禁なし
⑤亀　すつぽん　おしどり　すべて甲ある物　ふるき乾物の魚　生の韮《にら》生の薤《おおにら》　生菜　又火に焙《あぶ》る肉を食ふべからず
十二月①にら　うなぎ　かに　かめ
③かに
⑤獐肉《くじか》〔きばのろの古名〕　猪豚肉《いのししぶた》　霜に爛《たゞ》れたる菓菜を食ふ事なかれ　韮《にら》を多く食ふべからず　牛肉を食へば神を破る

年表　料理書の成立とその時代（類書を含む）

西暦	和暦	将軍	料理書成立	食生活と社会
一六〇三	慶長　八	家康	日葡辞書	家康江戸に幕府を開く
〇五	一〇	秀忠		南蛮より煙草・とうがらし・南瓜渡来
一〇	一五			奄美大島にさとうきびの栽培法伝わる
一五	元和　元			大坂夏の陣で豊臣氏ほろびる
二三	九	家光		家光将軍となる
二五	寛永　二			薩摩の漁夫琉球から甘藷を持ち帰り栽培を始める
二七	四			西瓜の種、薩摩に渡来
三〇	七		和歌食物本草	
三三	一〇			海外渡航と帰国を禁止し鎖国
三七	一四			島原の乱が起こり米価高騰
四二	一九		料理切形秘伝抄	冷害凶作のため飢饉（寛永の飢饉）
四三	二〇		料理物語	
四五	正保　二			三河の八丁味噌創製。赤穂で塩田開発始まる
四九	慶安　二		萬聞書秘傳	慶安御触書が出る。名古屋で初めて米酢がつくられる
五一	四	家綱		由井正雪の乱
五二	承応　元		包丁書録	
五七	明暦　三			江戸に大火（明暦の大火）

一六五八	万治 元			このころ寒天がつくられる
五九	二			隠元が黄檗山万福寺創建し普茶料理始まる
六一	寛文 元			江戸で夜間の煮売り営業禁止
六二	二			江戸で一杯盛り切りのけんどんそば始まる
六八	八		料理塩梅集（天の巻）	
七一	一一		料理献立集	
七四	延宝 二		江戸料理集	諸国に飢饉起きる。土佐で鰹節の燻乾始まる
八〇	八	綱吉		大飢饉で米価高騰
八三	天和 三		料理塩梅集（地の巻）（推定）	このころに江戸浅草に奈良茶飯の店ができる
八六	貞享 三			野菜の初物売り出し時期を規制する御触書が出る
八七	四		食用簡便	幕府生類憐みの令を出す。このころ江戸に鮨屋が開業
八九	元禄 二		合類日用料理抄	このころ彦根藩で牛肉の味噌漬が考案される
九三	六		八百屋集	このころから日本橋魚河岸、神田青物市場盛況
九六	九		茶湯献立指南	諸国飢饉で餓死者多数、米価高騰
			四季会席料理集	
九七	一〇		本朝食鑑	
			和漢精進新料理抄	
一七〇一	一四		小倉山飲食集	
〇二	一五		羹学要道記	米不足のため幕府酒造量を制限。奥羽凶作餓死者出る
〇四	宝永 元			このころ甘藷が薩摩から長崎に伝わる
〇九	六	家宣		綱吉死去、生類憐みの令解かれる
一一	正徳 元		料理私考集	
一二	二		和漢三才図会	

一七一三	正徳 三	家継		
一四	四		当流節用料理大全	
一六	享保 元	吉宗		江戸向島で桜餅を売り出す
一八	三		古今名物御前菓子秘伝抄	江戸両国にももんじ屋（獣肉料理店）開業
二六	一一			このころ京都に卓袱料理屋開業
二七	一二			吉宗、房州嶺岡で牛三頭を放牧させ白牛酪をつくらせる
二九	一四		料理無言抄	
三〇	一五		料理網目調味抄	
			南蛮料理書（推定一六六八〜一七三〇頃）	
三二	一七			西日本で凶作大飢饉
三三	一八		料理集（橘川房常）	米価高騰、江戸で米問屋が市民に打ちこわされる
三七	元文 二		献立懐日記	青木昆陽江戸で甘藷の試植に成功
四一	寛保 元			和歌山で甘蔗を植え砂糖を製す
四五	延享 二	家重	傳演味玄集	
四六	三		黒白精味集	
四八	寛延 元		歌仙の組糸	
四九	二		ちから草（推定）	
五〇	三		料理山海郷	
			料理伝（推定）	
五五	宝暦 五		厨人必用	奥羽地方冷害飢饉
五八	八			土佐与市が鰹節製法を改良し現在の製法を考案
五九	九			甘藷の栽培盛んになる

一七六〇	一〇	家治	献立筌	このころ江戸に居酒屋ができる
六一	一一		八遷卓燕式記 古今名物御前菓子図式	
六四	一四		料理珍味集	幕府、煎海鼠、干鮑の輸出を奨励する
六七	明和 四		料理之栞（推定）	
六九	六		小笠原磯海流料理百ヶ条仕懸物伝書	
七一	八		新撰会席しっぽく趣向帳	江戸に会席料理店升屋開業・前年につづきひでりで諸国凶作
七二	安永 元		普茶料理抄	風水害のため諸国凶作
七三	二		料理伊呂波庖丁	
七五	四		調菜録	
七六	五		献立部類集	
八〇	九		料理献立抄（推定）	
八二	天明 二		豆腐百珍	このころ江戸にうなぎ蒲焼屋できる
八三	三		豆腐百珍続編	天明の大飢饉（天明二〜七）、浅間山噴火
八四	四		豆腐百珍余録（豆華集の改版） 卓子式 会席料理帳	奥羽大飢饉、餓死者数十万という 飢饉のため米価高騰
八五	五		大根一式料理秘密箱 大根料理秘伝抄 萬宝料理秘密箱（前編） 萬宝料理献立集	このころ江戸市中で屋台店（すし、蒲焼、そば、天ぷらなど）が多くなる

一七八五	天明五		柚珍秘密箱	
			鯛百珍料理秘密箱	
八六	六		献上料理集	
			料理秘伝記（推定）	
八七	七	家斉		
八九	寛政元		甘藷百珍	このころ江戸で煉羊羹がつくられる
九五	七		海鰻百珍	このころ高松藩で砂糖の製造に成功する
九七	九		料理集（白蘆華）	
一八〇〇	一二		萬宝料理秘密箱（二編）	
〇一	享和元		料理早指南（初・二編）	
〇二	二		料理早指南（三編）	このころ大坂でおこし（菓子）が評判になる
			名飯部類	
〇三	三		素人庖丁（初編）	アメリカ船、イギリス船長崎に来航
			新撰庖丁梯	
			料理方秘	
〇四	文化元		料理早指南（四編）	江戸浅草にどじょう料理屋開業
〇五	二		素人庖丁（二編）	
			餅菓子即席手製集	
〇六	三		会席料理細工庖丁	
			料理簡便集	
〇八	五		当世料理筌	このころから菓子類に国産砂糖を使用
一八	文政元		御本式料理仕向	
一九	二		精進献立集（初編）	このころ江戸に料理茶屋多く出来て繁昌する

一八二〇	三		素人庖丁（三編）	
			臨時客応接	
			日養食鑑	
二二	五		料理通（初編）	このころ江戸でにぎり鮨がつくられる
二三	六		料理調法集	
二四	七		精進献立集（二編）	
二五	八		料理通（二編）	
二九	一二		料理通（三編）	幕府異国船打ち払い令を出す
			料理一色集（推定）	
三二	天保三		鯨肉調味方	冷害で凶作
三三	四		都鄙安逸伝	天保の飢饉始まる（天保四〜七）
三四	五		早見献立帳	
三五	六		料理通（四編）	
三六	七		料理調菜四季献立集	冷害で田畑不毛、飢饉の惨状甚大。救荒植物のそば、
			四季漬物塩嘉言	じゃがいもの栽培が奨励される
三七	八	家慶		
四一	一二		菓子話船橋	
四三	一四		貞丈雑記	このころ江戸で稲荷鮨を売り始める
四六	弘化三		蒟蒻百珍	
			水料理焼方玉子細工	
四九	嘉永二		年中番菜録	
五二	五		鼎左秘録	
			近世商賈尽狂歌合	

一八五三	嘉永　六	家定	会席料理秘嚢抄	ペリー浦賀に来航
			守貞謾稿	
五八	安政　五	家茂		
五九	六			このころ江戸で佃煮を売出す、安政の大獄
六一	文久　元		新編異国料理	
六三	三			長崎に西洋料理店開業
六六	慶応　二	慶喜		横浜・江戸に西洋料理店開業
六七	三			大政奉還

（柏書房刊『図説　江戸料理辞典』より）

参考文献

川上行藏編　料理文献解題　柴田書店　一九七八年
桜井秀・足立勇　日本食物史　雄山閣　一九四二年
笹川臨風・足立勇　近世日本食物史　雄山閣　一九四二年
瀬川清子　食生活の歴史　講談社　一九七〇年
三田村鳶魚　三田村鳶魚全集　第一〇巻　中央公論社　一九七五年
清水亘　かまぼこの歴史　日本食糧新聞社　一九七五年
篠田統　すしの本　柴田書店　一九七〇年
阿部孤柳・辻重光　とうふの本　柴田書店　一九七四年
植原路郎・薩摩卯一編　そばの本　柴田書店　一九七二年
宮下章　海藻　法政大学出版局　一九七四年
今田洋三　江戸の本屋さん　日本放送出版協会　一九七七年
渋沢敬三　日本魚名の研究　角川書店　一九五九年
平島裕正　塩　法政大学出版局　一九七六年
今村知子　鹿児島郷土料理全書　南日本新聞開発センター　一九七九年

柊会編著　日本の郷土料理　実業之日本社　一九六六年
山口昌伴　図説台所道具の歴史　柴田書店　一九七八年
島田勇雄訳注　本朝食鑑（東洋文庫）一～五　平凡社　一九七六～一九八一年
吉井始子　江戸時代料理本集成　臨川書店　一九七八～一九八一年
岡田章雄　註解「南蛮料理書」　飲食史林創刊号
川上行藏　徳川時代における料理書の執筆者について　共立女子短期大学紀要第一四号　一九七〇年
板谷麗子・亀高京子・江原絢子　和歌食物本草について　東京家政学院大学紀要　一四・一五合併号　一九七五年
松下幸子・吉川誠次　古典料理の研究㈡「料理塩梅集」について　千葉大学教育学部研究紀要二五巻　一九七六年
松下幸子・吉川誠次・川上行藏　古典料理の研究㈣「傳演味玄集」について　㈤「傳演味玄集」の類書について　㈥白蘆華著「料理集」について　㈦橘川房常著「料理集」について　千葉大学教育学部研究紀要二七～三〇巻第二部　一九七八～一九八一年
井門寛　日本食物年誌　歴史読本臨時増刊号　一九七四年

あとがき

本書の刊行は、来年米寿を迎える私にとってはおそらく最終の仕事であり、恵まれた幸運には感謝のほかはない。

柴田書店刊の『江戸料理読本』のあとがきで、謝辞を呈した先生方はお三方とも他界され、文庫化のご報告もかなわなくなった。柴田書店で編集を担当して下さった阪田誠氏は、現在山梨県で「自然農の百姓」を自称されてお元気なのは嬉しい。

出版から三十年たった『江戸料理読本』を、文庫化のために丁寧に読むと、時代の変化もあって訂正すべき箇所や加筆したい部分が多く、編集部にはお手数をかけることになったが、私にとっては本当に楽しい仕事だった。

ながい年月の間には身辺の変化もあり、当時現職だった千葉大学も定年退職後二十一年になり、夫は他界したが、誕生した孫たちは四人とも私を超える背丈に成長した。

また、思い返してみると、この三十年間は仕事の上でも幸運に恵まれていたと思う。平成三年から六年間は、仙台の伯養軒・仙台ホテルで毎年春夏秋冬に開催された「古典料理研究会」に参加させていただき、仙台藩の料理人橘川房常《きつかわふさつね》の書いた享保十八（一七三三）年成立の『料理集』を中心に、江戸時代の料理の再現と試食を体験することができた。

この会は仙台ホテルの大泉信太郎会長と大泉礼次郎社長が主催されたもので、会員は十二人、伊達家十八代のご当主泰宗氏をはじめ、郷土史の研究家などの方たちで、この上なく豪華で楽しい研究会だった。一泊二日の仙台行は二十回程にもなり、仙台ホテルの方々にはお世話になったばかりでお役に立てず、いまも心苦しい思いがする。

平成八年からは国立劇場の第一食堂「十八番《おはこ》」で、江戸時代の料理を再現した江戸弁当に協力することになり、以来十六年続いている。歌舞伎公演のある月だけなので、献立は演目に合わせたいと思うがなかなか難しく、厨房の方たちと一緒に努力を続けている。

歌舞伎座厨房とは、平成十年に江戸時代の幕の内弁当の再現に協力させていただいて以来、『料理早指南』の花見弁当の再現、柳沢信鴻《のぶとき》の『宴遊日記別録』の芝居茶屋の料理の再現などを行った。現在歌舞伎座は建てかえ中で、厨房の方たちは歌舞伎座サービス株式会社として仕事をしており、今秋開催の浜離宮庭園の緑化フェアで、十一代将軍家斉《いえなり》の浜御殿（浜離宮）お成りの献立から作る弁当や、そばや天ぷらなどの江戸の屋台の再現にとり組んでいる。

そのほか歌舞伎座（現在は歌舞伎美人《びと》）メールマガジンへの「江戸食文化紀行」の連載も今月で二五九回になる。

このような仕事から得たものを反映させて、三十年前の『江戸料理読本』よりも充実した文庫にしたいというのが私の願いだったが、福田浩氏のご助力で、この念願がかなうことになった。「江戸の料理と「坐り板」」を寄稿していただけたのである。

福田浩氏は都内大塚にある江戸料理「なべ家」のご主人で、川上行藏先生の「料理書原典研究会」以来のお仲間で、一緒に本の仕事をさせていただいたり、長年にわたって四季の江戸料理を楽しませていただいたりしている。かねがね私は、江戸の伝統の味を守る福田氏は、お若い時代にどのような修業をされたか知りたいと考えていたので、福田氏の寄稿を編集の藤岡氏を通じてお願いしたところ快諾して下さった。

おいそがしい中を福田氏にはご無理をお願いしたが、「江戸の料理と「坐り板」」をお寄せいただくことができ、私は大喜びである。江戸前の語り口で、息づかいが感じられるような魅力的な文章で、修業時代の「三到《さんとう》」の調理場の様子が目に浮かぶように語られ、本物の料理をつくることの厳しさに私は感動した。

終わりに、楽しく、得るところの多かった今回の仕事を手助けして下さった、ちくま学芸文庫編集部の藤岡泰介氏に、心からお礼を申し上げる。

松下幸子

江戸の料理と「坐り板」

福田　浩

松下幸子先生とは、料理古典研究の泰斗でいらした川上行藏博士主宰の「料理書原典研究会」でお目に掛かって以来、長いご厚誼をいただいておりますが、本書の文庫化に際し、何か一文をと言われ、大いに弱りました。なにしろ先生は川上博士の直門で、今や古典料理研究の第一人者。その業績は広く知られるところで、時に内緒でその一端をつまみ食いしている小生としては何を書いたらよいのか迷うばかり。おこがましくも、自身のことなど書きつらね、お茶を濁しご勘弁願う次第であります。

古来わが国の仕事の多くは坐職、つまり坐って仕事するものでした。料理も江戸時代まではは板の間に俎板を置き、その前に正座をして刺身を引いていました。この俎板を「坐《すわ》り板《いた》」といいます。うちは、母の家は代々料理屋でしたが、坐り板の前でくつろいでいる祖父の写真が残っております。古色蒼然として、日付も書いていないのですが、明治の終わりか大正の初め頃のものと思われます。この『江戸料理読本』の挿絵にも、坐り板の様子を描いたものがいくつかありますから（例えば二三頁）、ご覧になってみてください。

坐り板といいますのは、江戸の、東京の料理屋の典型的な形でして、大正十二年の関東大震災まではこの形式が残っていたようですが、料理人が土間で高下駄を履いて立って料理をし、終われば水をザーッと流して掃除するという「立ち板」が関西から入ってきまして、姿を消しました。私と同世代の人間も、見聞きすることはなかったと思います。

東京の料理屋から修業に出る場合、普通は大阪あたりに行かされます。関西の合理性やたくみな経営感覚を学んでこい、ということなのでしょう。ところが私がやっかいになりましたのは、東京の赤坂は日枝神社の近くに店を構える、三到《さんとう》という料理屋でした。魯山人の星ヶ岡茶寮があったあたりです。まわりには八百善さんや瓢亭さんといった有名な割烹料理店が立ち並んでいましたが、ここ三到は江戸前料理の典型的な店でした。ここになんと、坐り板が残っていたんです。

三到の主人は、浅草の柳橋に戦後しばらくまであった柳光亭という江戸前料理屋の板前をつとめていた人でした。この店は日本橋三越に高級惣菜を最初に出した店で、当時食通の方々によく知られておりました。今もある亀清楼さんが隣にあって、そちらは相撲協会さん御用達、柳光亭には政治家のお客さんが多かったようです。

その柳光亭も坐り板の店でしたから、三到の親方もきっと独立にあたって、江戸の風情を保つ店にしたかったのでしょう。戦後はどんどん関西の方式が入ってきまして、それは食べ物もそうですが生活様式のなにもかも急速に江戸の風情がなくなっていった時代でしたから、ちょっとたまらなかったんじゃないでしょうかね。三到にはほんとうに立派な檜の坐り板がありました。東京で坐り板を守っていた最後の店だったでしょう。

その三到も昭和四十年代後半に一代で店を閉じてしまいます。名店は一代きりとも申します。いくら親子といっても、料理の技術はともかく、雰囲気といいますかその人の持っているものはなかなか伝わらないものです。四、五代続けばほんとうの名店ということになるのでしょうけれど、しかし三到は名店でした。というか店を辞めて独立してから、つくづくそう思うようになりました。店を巣立った朋輩たちも口々にそう言います。そんな三到での仕事をご紹介しましょう。

まず、仕事は朝の掃除、かつぶし掻き、魚河岸の仕入れから始まります。そういうものをすべて、主人が自ら取り仕切って、若い衆と行っていきます。親方含め四、五人でした。店は七十坪ほどでしたが、最大でもお客様は三十人までしかとりませんでした。それで手一杯なんです。なぜ手一杯になるかは、読み進めていただくと、わかると思います。

昔の調理場というのは実に静かなものでした。仕込みの最中はまず音がしない。映画やドラマを見ますと、庖丁が俎板にあたる音がトントン言っていますが、それは庖丁がきちんと研げていない証拠です。俎板に庖丁があたる音はほとんどしません。それこそ「斬られてもわからない」というような庖丁さばきで下ごしらえをしていきます。鍋や道具がガチャガチャあたる音なんかもたてません。職人の息づかいが聴こえるくらいの静かな調理場です。

江戸時代の調理場は、この本の挿絵の通り板敷きで、職人はそこに坐って仕事をします。ですが、明治以降は、親方のいるところ、つまり坐り板のとこだけ高くなっていて、他の若い衆は、立って仕事をするようなります。親方はその高い坐り板のところで、献立を考え、自ら筆をとり、それから若い衆に指示を出すんですが、最初に出すのが出汁の分量を決める指示でした。

料理屋で一番大事なのは出汁です。しかも江戸前の料理屋はかつおの出汁しか使いません。昆布は使わないんです。どうでしょう、おそらくもう手に入らないと思いますが、伊豆からくる、小振りのかつぶしが、江戸前料理では最高とされていました。このいいかつぶしを削って、すまし汁の出汁を引く。

親方の前には若い衆のトップの脇板が立って仕事をしておりました。この脇板が頃合いをみて、親方に、「だんな、今日はいかがいたしましょうか」って訊くんです。そうすると全員ぴっと集中して、親方の言葉を待ちます。

親方は背筋を伸ばし、目をつむり、静かに息を吸い、そして吐き、数秒した後、例えば「二十匁《にじゅうもんめ》」って言うんです。これは出汁を引く時のかつぶしの分量なんです。一升の水に対して二十匁、今でいう八十グラムのかつぶしを使えという意味です。おそらくその日の天気、温度、湿度の加減をはかるために、目をつむって集中するんでしょう。長年の勘がものをいう世界です。ですから、日によって、かつぶしの量は十八匁だったり十五匁だったり変化します。しかも「さっと引け」とか、「しっかり引け」とか出汁の引き方の指示も、その日で異なります。その指示の出し方が若い私にはかっこよかったですね。

料理は前もって作り置きしておけば楽なんですが、そんなことはしません。お客さんがいらしてから出汁をひき、椀を作り、刺身を引きと、すべて最高の状態でお出ししていきます。

いよいよ料理開始となってからも調理場は静かです。なおさら無言になります。といいますのも、鍋の煮え加減、炭火の熾《お》き加減を、坐り板の親方が音を聴いて判断するからです。親方は実際に鍋の中や焼き台を見なくても耳ですべて判断できる。脇板以外の煮方、焼方、洗方は、親方に背を向けて仕事をしているんですが、その背中に「それじゃあ焼きすぎだぞ」とか「ちょっと鍋の火をゆるめろ」という指示が親方から時々パッと飛ぶんです。これは緊張しますよ。

無言で仕事をこなすというのは、それぞれが自分の仕事を責任をもってこなすという最大の力にもなると思います。いざ料理がはじまれば、人にここはどうするんでしたっけ、ああするんでしたっけなんて訊けないわけです。最初に一日の段取りについては指示されるんですから、それをしっかり聴いておかなければならない。三到ではこのようにして、仕事をたたきこまれました。

ではここで、三到での十月のある日の献立を紹介しましょう。

座付　練切り
前菜　穴子うに焼
　　　椎茸焼浸し
椀盛　松茸
　　　豆腐
　　　松葉柚子
生皿　ひらめ薄作り

打ち茗荷
煎り酒
わさび

中皿
鶉付け焼
谷中生姜

鉢肴
車海老天ぷら
青唐
天汁

煮物
おろし大根
茶碗蒸し
湿地茸
鴨
銀杏

食事
飯
味噌椀
絹さや

油揚繊切
香ノ物　古漬（胡瓜・茄子）
果物　廿世紀梨

「座付」のたべものには料理の前に何か少しお腹に入れて落ち着かせ、消化を助ける働きがあり、うどんでも蕎麦でも味噌汁でもいいのですが、いちばんいいのは小豆あんの生菓子です。三到では、人形町の菓子屋寿堂から毎朝見本が届けられ、女将が選んでいました。秋だと菊花の形のものだとか。

「前菜」という言葉は魯山人が最初に使ったという説もありまして、東京では戦前は使っていなかったと思いますが「お通し」です。穴子を素焼きにしてうにを塗ったもの、椎茸を素焼きにして、酒醬油に浸したもの。

「椀盛り」には先に書きました通り、気をつかって引いた出汁を使います。味付けは塩を使いますが、塩を一度卵白で練り、水に入れて火にかけ、アクをとった「水塩《みずしお》」を使っています。粒の塩では調味にむらがでやすいのです。そして醬油を一、二滴落とします。

「生皿」は刺身です。秋から冬にかけてはひらめがおいしいですから、ほとんどひらめを使います。しかも薄造りです。夏はスズキの洗いやコチのふぐ作りを出していました。その時も煎り酒で召し上がっていただきます。今では一般的なマグロもあまり使いませんでした。初鰹だけは、芥子《からし》を添えて醤油で召し上がっていただきました。

煎り酒の造り方は、松下先生の文章を読んでください。煎り酒は江戸中期以降、醤油が流通しはじめると、姿を消していきます。醤油は便利ですし、煎り酒は手間ひまかかりますから。文化・文政頃の八百善さんはよく煎酒を使っていたようですが。三到では、仕事が終わり、焼き台の火を掻きだすと、そこへ専用の土鍋を置いて、一升以上の酒、十～十五粒ほどの梅干しを入れて、一晩おいておりました。これを三日ほど続けますとほぼ半量になります。これに醤油、たまりを加減して、お客様にお出ししておりました。

「中皿」。中皿は六、七寸の大きさのもの。鉢は小鉢から大鉢まで、大きさも深さもさまざまで、器に合った料理なら焼き物、煮物、揚げ物など何でもよいということになっています。この献立は鶉の焼き物ですが、多くは魚です。鳥を使う場合は、鶏肉より小鳥のほうが味がよいということでよく鶉を使っておりました。酒醤油や、生醤油で付け焼きにしておりました。

「鉢肴」。夏場は天ぷらが多かったですね。車海老の天ぷらか、芝海老の揚げしんじょう。これは東京料理の名物です。ただ、食通の方も、親方も言っていましたが、天ぷら専門店にはとうていかなわない。調理場からお部屋にお届けするまで、どうしても時間がかかってしまうわけですから。天ぷら屋、そば屋、料理屋の天ぷらはそれぞれ違うものです。「煮物」。「茶碗蒸し」は煮物替りです。出汁に卵を入れて蒸す、あれではありません。江戸時代は茶碗に入れて蒸したものをすべて茶碗蒸しと称していました。しめじは二番出汁で薄味を含ませ、鴨は塩をしてさっと霜降りするか、かるく素焼きにするかして、碗で蒸しあげます。さっぱりした塩味のものです。

献立全体を通してみると、なにか特別なものがあるわけではありません。ただ、例えば「煎り酒」のように、ひと品ひと品ていねいに仕事をしてお出ししております。先ほど、三到では三十人が限度と申しましたが、この人数に――もちろん一度に来ていただくと、とても行き届いたサービスはできませんから、時間をずらしていただくこともありましたが――すべての料理をよい加減でお出しするというのは、とても大変なことです。

三到は、二階建てで、一階には六畳の部屋と八畳の部屋が二つ、二階には四畳半の小間と三十畳の大広間。この広さでも、三十人以上はお受けできません。大広間だと十五人まではお受けしますが、十六人のお客様はお断りしていました。立派なお屋敷にお住まいのお客様は大勢いらっしゃいましたから、部屋が大きいだけではしょうがありませんし、そもそも大きさではかないません。家とは違った雰囲気で、くつろいでいただき、ちょうどいい頃合いに仕上がったものを召し上がって満足していただく。そのことを大事にしていました。

三十人以上お受けすれば、料理にもサービスにも破綻をきたします。

つねづね松下先生がお書きになった本を読ませていただいて、江戸時代の料理の作り方などを参考にさせていただいてきましたが、今回この『江戸料理読本』を再読しまして、感じ入ったのは、「料理の心得」という部分です。料理書の序文や跋文に書かれていることを抜粋し、解説したところなのですが、読者の方におかれましては、ぜひここに注目していただきたい。ここに料理を作る上での重要な注意点が挙げられています。

まえがきで松下先生は、この本では家庭で作れるものを前提とした、と書かれていますが、私は、料理の先輩たちから、家での惣菜をきちんとこなせなければだめなんだ、普段自分たち職人仲間同士で食べる賄いをおいしく作れなければ、料理人としてだめなんだということを、聞かされてきました。それがお客様にお出しする料理にも通じています。一生懸命に作ること、食べる人を思うことが大事なんです。テクニックの高さ低さは関係ありません。ほんとうの意味で料理を作るとはどういうことなのか、ということを、松下先生が選んでくれた心得を反復して読んでいくと、よくわかります。これは私が時間をかけて、三到でたたきこまれたことを文章にしていってくれているのだなあと思いました。この本を再読し、今料理に対する思いが深まっているところです。

さて、さいごに一つおまけを。江戸の料理書を見ながら十月の献立を考えてみると、私どもの店ではこのような感じになります。

座付　江戸風　ぶっかけそば
　　　　　　　辛味大根
肴『臨時客応接』いわし焼味噌和へ
椀『黒白精味集』華豆腐
　　　　　　　葛あん
　　　　　　　摺り生姜
刺身『料理物語』掻き鯛
　　　　　　　燕巣
　　　　　　　岩茸
　　　　　　　煎り酒
　　　　　　　からし

焼物　『料理通』　魴々《ほうぼう》蒲焼
粉山椒
猪口　『料理通』　葡萄おろし和へ
煮物　『豆腐百珍』　巌石豆腐
粟麩
小松菜
柚子
飯　『名飯部類』　胡椒飯
汁かけ
香ノ物　『料理珍味集』　小茄子蓼漬
水菓子　焼柿
甘味　『豆腐百珍』　玲瓏豆腐
黒蜜

（江戸前料理「なべ家」主人）

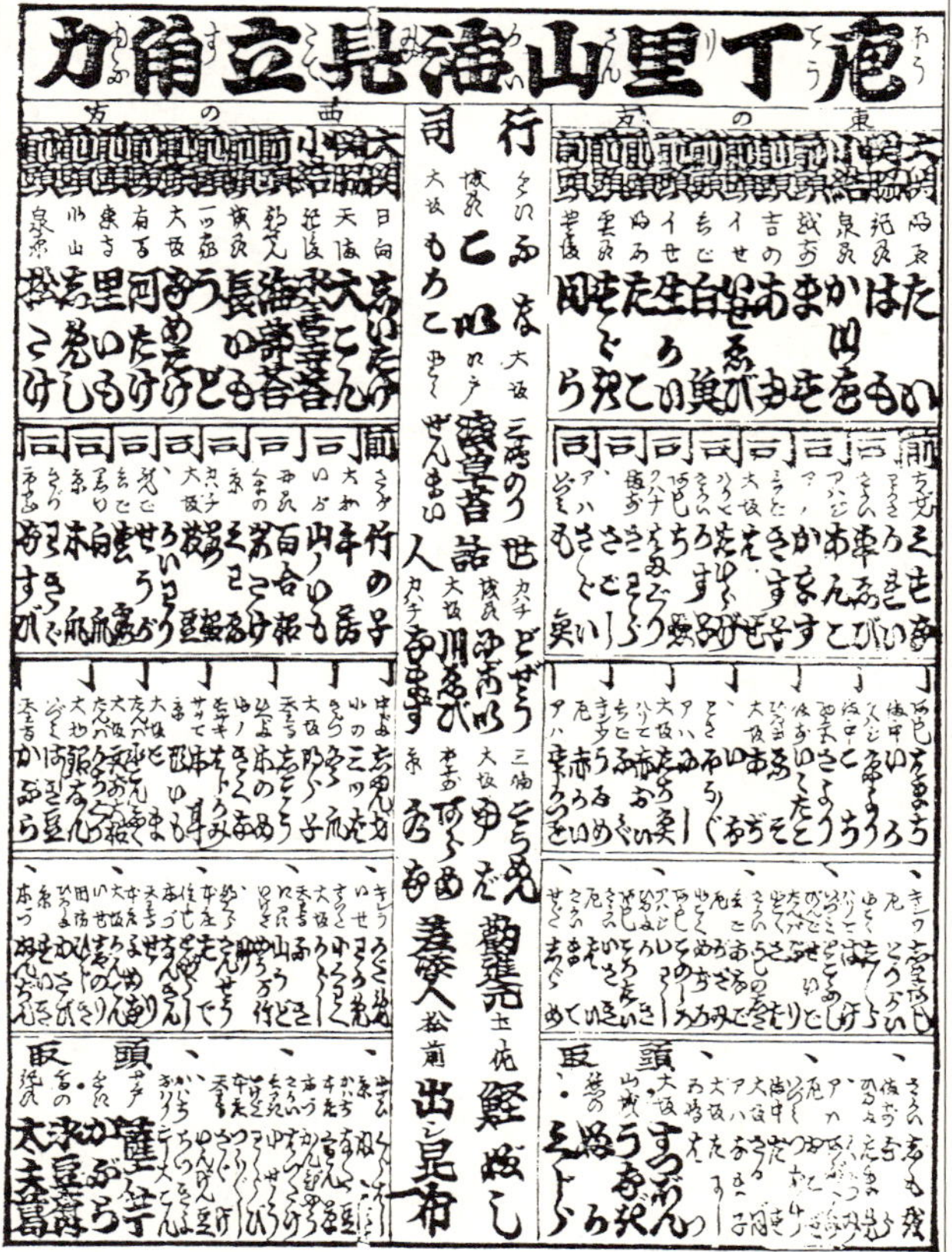

「庖丁里山海見立角力」　天保十一子の十一月改正新版

大和屋

御膳
旭御鮨所
鎌倉河岸通
龍閑橋
大和屋勇次郎

御膳
○すし
大傳馬町二丁目
八百屋太兵衛

買物獨案内 三十七

買物獨案内 三十七

御膳
い御寿し
芝口二丁目東側中程裏
伊賀屋萬吉

玉
御膳
玉寿し
本郷四丁目
常陸屋周八

鳴戸
せ
御膳
御鮓所
京橋北一丁目
鳥飼清次郎

御膳
吉
一流
宮戸寿し
宮戸川名物鮒昆布巻
田原町三丁目
宮戸屋八十八

辻
御膳
一流
錦鮨所
名物鮒昆布巻
本郷三丁目
伊勢屋忠兵衛

蓮見
蓮
寿し
池之端仲町片側町
江本屋友吉

買物獨案内 三十八

買物獨案内　三十五

於満
御鮓所
日本橋南通四丁目新道
紀伊國屋藤左衛門

御膳
元祖
玉鮓所
本石町通十軒店
翁屋庄兵衛

長門
山
御膳
御鮓所
尾張町一丁目
元祖鮒昆布巻所
鎌倉屋丈右衛門

買物獨案内　三十六

元祖
御膳
さゝ屋寿し
日本橋通四丁目
よしのや久蔵

御膳
やまた寿し
櫻田久保町
翁屋勘七

御膳
けぬき寿し
京橋鈴木町肴店
婦しや利八

買物獨案内　三十六

即席
御寿し
御料理仕出所
御かつてへ向御好次第
上野廣小路東側
翁屋新助

御膳
いさごすし
一銘松寿し
深川御船蔵町のたな
堺屋松五郎

買物獨案内　三十八

御膳
芝宇田川町
あいおひ鮓

一流
高砂屋太助

御膳
東両国元町
末廣壽し
越後屋久兵衛

御膳
神田鍛冶町二丁目
手打武蔵野蕎麦
武蔵野与兵衛

名
蕎
信州
寝覚
生蕎麦所
日本橋扱本町河岸
雪窓庵文吉
浅草茅町二丁目

てうち
浦し海そは
うらしま彌八

買物獨案内　三十四

買物獨案内　三十四

御膳
御蔵前天王町
梅園生蕎麦

極製
梅園五兵衛

松
御膳手打
生蕎麦
芝三田有馬様前
まつや定吉

御膳
布
信州
更科蕎麦所
麻布永坂高いなり前
布屋太兵衛

御膳
小
鰻御蒲焼
坂本三丁目
小島下ゑたろし
鮒屋幾三郎

西
鰻御蒲焼
四谷御門外
西村傳兵衛

御膳
鈴
おかばやき
四谷たつかなん道
すゞき安五郎

て
江戸前
鰻御蒲焼
麹町六丁目
伊勢屋權兵衛

麻布 さかミどの橋

て

蒲焼

尾張屋藤兵衛

正

御膳

深川中町

鱣御蒲焼

山口庄次郎

浅草田原町

奴

鱣御蒲焼

草加屋吉兵衛

浅草並木町

鱣御蒲焼

山城屋新兵衛

麹町四丁目
鰻御蒲焼
丹波屋忠兵衛

神田筋違中町
鰻御蒲焼
深川屋茂八

即席
大傳馬三大丸新道
御婚禮向仕出し仕候
御料理
御寄合
松屋庄吉

十組并諸問屋御寄合叅會
小網町二丁目
御料理
魚躍樓
肴屋太七

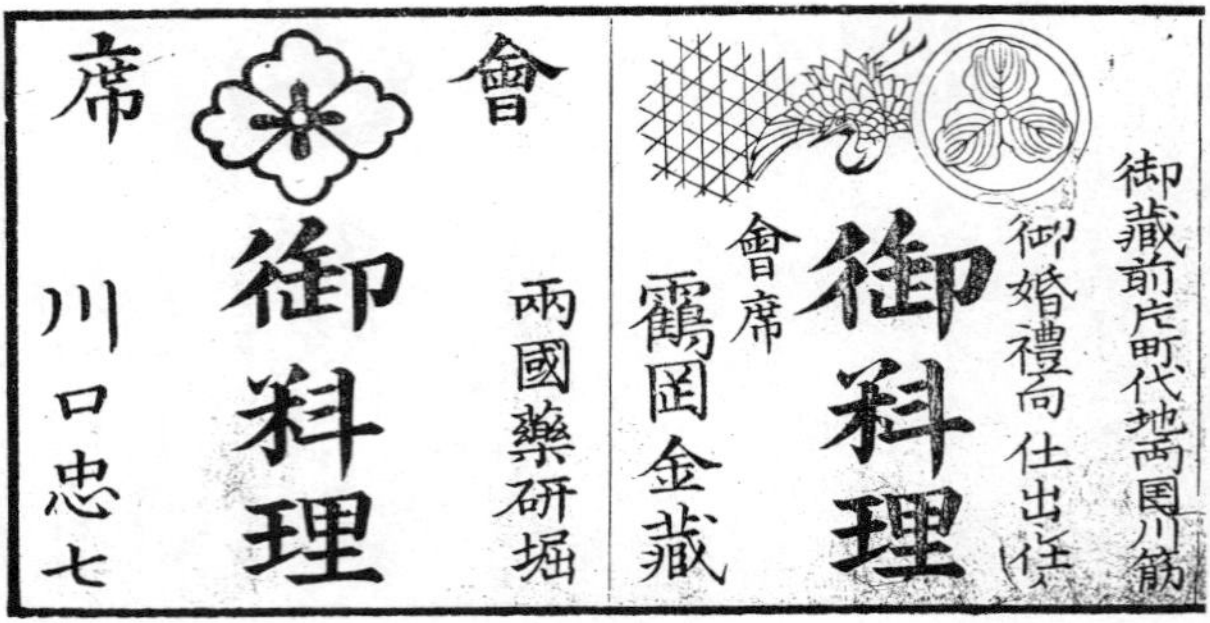
御藏前片町代地両國川筋
御婚禮向仕出仕候
御料理
會席
鶴岡金藏
會
席
御料理
兩國藥研堀
川口忠七

會
席
御仕出し
御重詰
御折詰
御料理
芳町
櫻井甚五郎
豆州熱海温泉出張所
効能
一せんき
一ちう風
一かつけ
一たむし
一うちみ

御宮
水戸
御用御菓子司
本店 麹町三丁目
鈴木兵庫祐
藤原吉國
出店 赤坂二葉町
鈴木若狭掾
藤原吉次

江戸麹町三丁目
根本助惣
出店一切無御座候
霊傳 赤蛙丸
一包二十五粒
價百字
此良法江州伊吹山丹州篠山両山より出
赤蛙の肉功能すぐれたる事ありて所有てよ
ゑ其生肉をもって製法せる丸薬也小児諸
虫の良薬なり此赤蛙常に小楠を用ひて樹
を食し泥土に生まれずして清浄なり
外の小赤蛙乾干なり
橘屋助惣

買物獨案内 百九十六

買物獨案内 百九十六

尾州
麹町七丁目
御用
御菓子司
亀澤丹波掾
藤原豊福

麹町平川町二丁目
看店
将棊らくがん
上せんべい
御菓子製所
諸國おろし處
名
名哥山義政

室町三丁目
御用御菓子屋
尾道伊勢大掾

御菓子司
本石町四丁目
池田屋上野掾

茶菓
諸國おろし
御菓子製所

神田須田町
桔梗屋吉久

買物獨案内 百九十七

本店
中橋福嶌町 京藤屋
平山肥後大掾

京
御菓子製所

出店
諸國ねろし
銀座三丁目 京藤屋
平山肥後大掾

名物 唐更紗
和合神

嵯峨御所御用
御菓子所

西之久保
新下谷町
福本越前掾
藤原忠次

佳
菓子いら粉種卸問屋

本店
南傳馬町三丁目
尾張屋平吉

出店
菓子おろし所
南鍛治町一丁目
尾張屋伊八

出店
水飴ねろし所
三十間堀三丁目
尾張屋伊之助

細しほ 巻狩せんべい
五しき 太平樂賀舞
江戸の花 比翼せんべい

御菓子司

御口取菓品
數奇屋橋御門外
松屋山壽

元祖
十二色上菓子
そぶろう
五色真紛

一流
御菓子製司處

一ちゃ森
通塩町
冨士屋和泉掾
藤原布嘉

三
御菓子卸所

新橋八官町二丁目
松村屋又兵衛

広告

買物獨案内

御藏前天王町

茶巾餅
御菓子製所
羽二重餅
甘林如松
御藏前瓦町
あんきんねじ
御菓子所
岩たばし
高砂屋藤兵衛

三百四

買物獨案内

浅草雷神門内

御菓子司
小泉伊勢大掾
　藤原善延
浅草並木町

江戸のはつ上一人て牡丹
團十郎煎餅
そも
 其外浩口原菓子品々
成田屋常琳

三百四

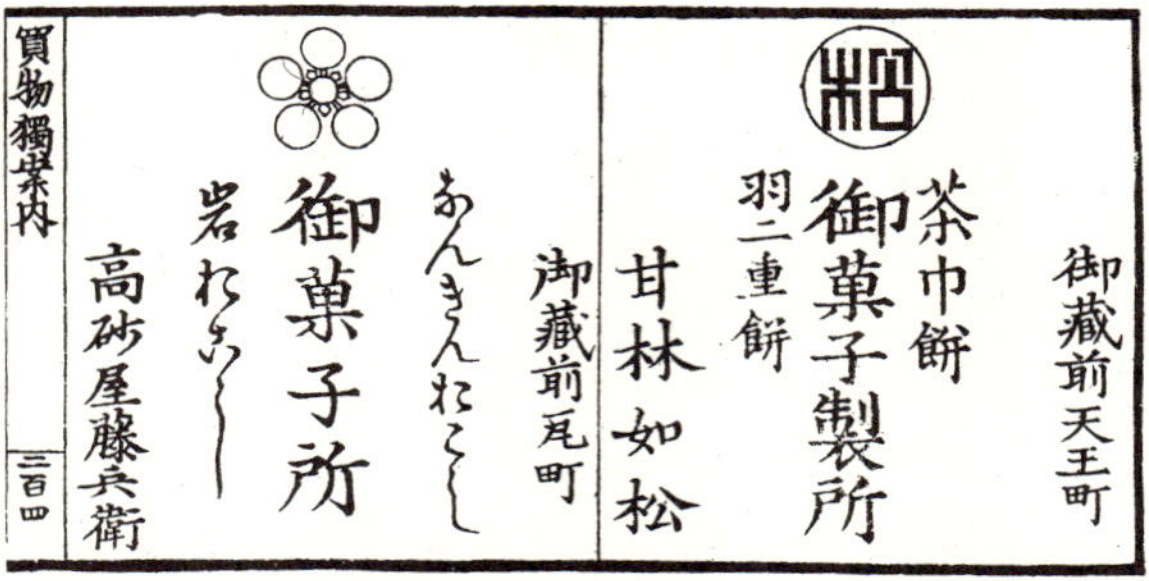

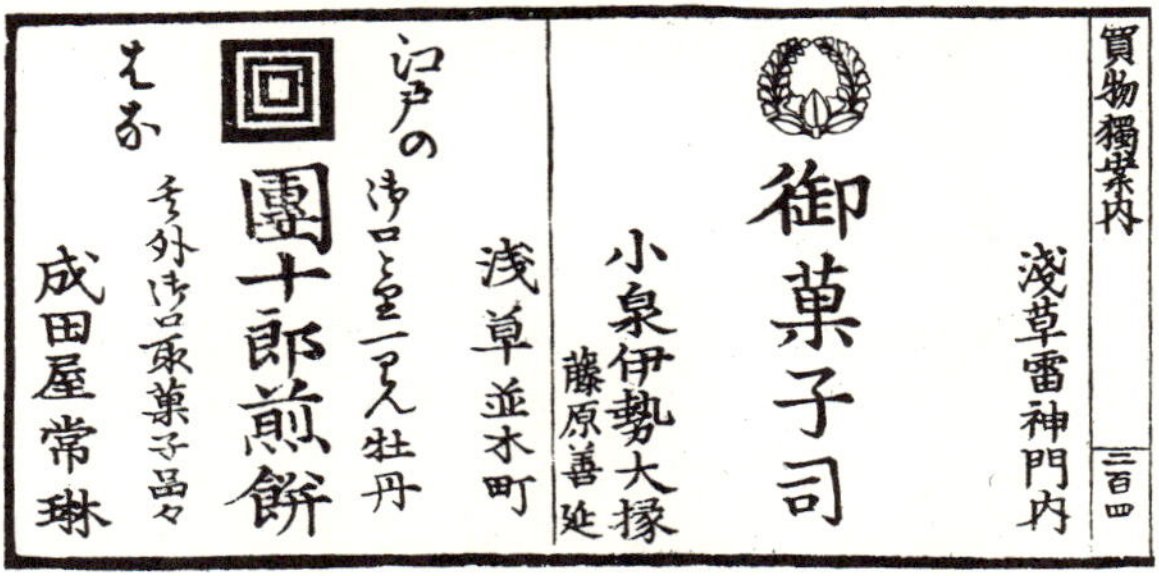

以上の広告は『江戸買物独案内』（文政七〈1824〉年刊）「飲食の部」より抜粋し、作成しました。

ちくま学芸文庫

江戸《えど》料理《りょうり》読本《どくほん》

二〇一二年九月 十 日　第一刷発行
二〇二五年四月十五日　第四刷発行

著　者　松下幸子（まつした・さちこ）
発行者　増田健史
発行所　株式会社　筑摩書房
東京都台東区蔵前二―五―三　〒一一一―八七五五
電話番号　〇三―五六八七―二六〇一（代表）
装幀者　安野光雅
印刷所　株式会社精興社
製本所　株式会社積信堂

ISBN978-4-480-09483-4 C0139